本书为湖南省教育厅项目"多维变革语境下课堂传播的新变与优化策略研究"（项目编号：20K082）研究成果

变革语境下的课堂传播论

龙剑梅　著

湖南师范大学出版社

·长沙·

图书在版编目（CIP）数据

变革语境下的课堂传播论/龙剑梅著. 一长沙：湖南师范大学出版社，2023.11
ISBN 978-7-5648-5218-4

Ⅰ.①变… Ⅱ.①龙… Ⅲ.①传播学-课堂-教学 Ⅳ.①H059

中国版本图书馆CIP数据核字（2023）第192654号

BIANGE YUJING XIA DE KETANG CHUANBOLUN
变革语境下的课堂传播论

龙剑梅　著

出　版　人｜吴真文
责任编辑｜周基东　刘　萌
责任校对｜王　璞

出版发行｜湖南师范大学出版社
　　　　　地址：长沙市岳麓山　邮编：410081
　　　　　电话：0731-88853867　88872751
　　　　　传真：0731-88872636
　　　　　网址：https://press.hunnu.edu.cn/
经　　销｜湖南省新华书店
印　　刷｜长沙雅佳印刷有限公司

开　　本｜710 mm×1000 mm　　1/16
印　　张｜11.5
字　　数｜200千字
版　　次｜2023年11月第1版
印　　次｜2023年11月第1次印刷
书　　号｜ISBN 978-7-5648-5218-4

定　　价｜58.00元

目　录

绪 >>>
论

一、课堂教育教学是一种典型的传播活动

课堂教育教学活动是一个完整的信息传播系统，包含了传播活动的各项要素和环节，从信息的选择和处理到作为受众的学生对信息的反馈等，都具有典型的传播学意义。当前，科技与文化的融合，教育环境的变革，教学理念的更新，学生的学习需求与学习方式的变化等，都促进了课堂教育教学活动的现代化转型。课堂传播媒介、渠道与模式、师生生命主体的互动关系，也在此多维变革的语境中呈现出新的特征，需要传播主体不断自我调整与提升，适应新的课堂传播环境，在互动交融中充分满足作为传播对象的学生的新需求，追求最优化的课堂教育教学效果。可见，多维变革语境对课堂传播活动具有内在且深刻的影响，既为课堂教学实践注入了新的活力因子，也为课堂传播研究提供了新的素材。

课堂教学是师生之间丰富生动的交流与对话过程，知识正是依此得以传播，并内化于作为受者的学生个体生命之中。从这个角度看，课堂教学不再是书本知识的简单传递与接受过程，而应该是知识的传播与生成活动。宏观上来说，"学科教材的知识—教师的知识—学生的知识—学生对知识的反馈"是课堂的知识传播与生成过程。其中，教师作为传播者，发挥着知识引导作用；学生作为受众，接受并反馈来自教师传播的信息，其间受到社会文化环境和课堂整体氛围的影响。可见，课堂传播并非单向度的线性传播，而是富有生命意义的师生主体双向互动的过程，彼此共享知识、情感、思想碰撞与心灵交会等课堂要素，而课堂语言、传播技能、现代教学手段与课堂信息流动渠道是师生交流与对话，以及实现课堂传播效果与意义的有效媒介。

在具体的教育教学实践中，以课堂讲授为主的传统教学方式客观存在，并显现一些负面影响。长期以来，由于传播手段和媒介运用的单一化，过分强调教师课堂教学逻辑的严密性、知识的理论性和体系性，课堂传播沦为一种单向性传播，

师生作为生命主体的发展需求无形中被扼杀，只完成了传播过程的单向传输，淡忘了学生的具体要求，忽视了师生作为生命主体动态存在的对于课堂体验的渴求这样一个基本点，因而教学效果自然不理想。在一定意义上，课堂传播过程，就是生命主体的体验性活动及在此基础上实现的精神互动。依乎此，课堂不再只是教师的独角戏，传播活动得以在双向甚至多向维度中展开，以体验激活生命主体意识，从而构建课堂传播空间，实现课堂精神互动。因而，将课堂教育教学活动置于人类传播活动的大背景下予以考察，探究课堂传播的信息生成特征及其传播渠道优化的途径，从师生互动的信息运动过程来研究课堂教育教学效益的提升、学生知识结构的形成和知识价值的转化机制，无疑具有十分重要的意义。

权且不说以往的课堂是教师的单向传播，忽视了对知识信息主体性生成的综合评估，无视文化因素、社会因素、制度因素和技术条件等对课堂传播的客观制约，因而对课堂传播的认识是单向度的，就是在强调突出师生的双向互动之后，也对作为其基元范畴的知识信息的特质及其运动渠道的构建等缺乏深入的认识，对于知识信息的主体性预期及其价值的转化没有深入研究，实际上就是没有重视课堂传播艺术的深层次问题，因而所谓的课堂传播艺术也就停留于"技术"的表象之上，没有深层把握其影响课堂传播艺术的始基，难以从规律与本原的高度予以研究，并从中抽象出具有现实意义的原理。

新的教育环境和教学要求为课堂传播注入了新的活力，生成了新的元素，赋予课堂传播新的内涵。课堂传播研究必须与时俱进，凸显时代特征，补充、完善已有理论成果，体现多维变革语境下教育教学新特征。当前学界对课堂传播研究的关注度虽不断增强，但其研究的整体性相对有限，缺乏多维、宏观的视角，大多聚焦于某一方面或节点的变化，缺少对课堂传播适应性策略的深入研究，也未能提出切实可行的解决办法。实际上，课堂传播在新的社会文化环境与技术条件下发生的变化并非单一因素引起的，而是涉及社会经济发展、科技进步、教育制度与理念、受教育者需求等多个领域。因此，需要从多维、立体的视角考量课堂传播所面临的挑战。

随着信息传播技术的快速发展，以互联网和新媒体为代表的多媒体教学广泛进入课堂传播活动之中。新媒体是一种利用数字、网络、移动技术，通过互联网、无线通信网、有线网络等渠道以及电脑、手机、数字电视等终端，向用户提供信息和娱乐的传播媒体形态。在课堂传播活动中，投影仪、录音录像设备、计算机、网络等备受青睐，新媒体所具有的生动直观、海量信息与共享性、个性化、交互性、多媒体与超文本等传播特点与课堂教学过程相结合，改变了传统的教育教学程序，形成了新的课堂传播模式，线上线下相结合的开放型课堂教学方式受到欢迎。尤其是对作为传播主体的教师而言，新媒体环境下的课堂传播在备课、板书、讲解、练习等环节节省了时间成本，丰富了课堂信息，而且教学形式更灵活，沟通渠道更畅达，传播效果更直接。但是，新媒体是双刃剑，将其运用于课堂传播中，能否紧贴课堂教学的本质属性，实现超越于传统课堂传播之上的效果，就是值得深入思考的现实问题。基于此，笔者在以往研究的基础上，初步探讨了新媒体给课堂传播带来的一些负面效应：工具理性无形削弱了传播主体——教师的个性化存在，课堂传播形式掩盖了课堂内容的人性诉求；难以激活学生的情感交流，不利于知识目标的动态生成；传播渠道过分依赖有形载体，师生精神交往亟待重建；硬环境与软环境难以契合，整体传播功能有待优化。我们只有直面课堂新媒体传播的问题，才能推进新媒体与课堂传播的真正融合，追求课堂传播效果的优化，实现工具理性和价值理性的和谐共进。

二、课堂传播研究的意义

笔者从人类传播的特征和规律的层面来把握课堂传播的本质，分析课堂传播新变的深层动因及其表现形式，把握课堂传播面临的新特质和新变化，探究课堂传播适应新形势发展的合理路径和解决问题的可行性策略。可以肯定地说，这一研究摆脱了一般层面的技术操作与技艺探讨，把住了作为课堂传播之关键点的信息范畴，并以此为起点深入探究其运动过程、规律及特点，具有普适性，不论是从学科建设的理论指向上看，还是从现实实践活动的层面而言，都有其不可忽视的价值和特别重要的意义。基于多维变革语境，分析其对课堂传播产生的影响，从其引发的课堂传播的变化探究其适应性问题，思考具有普遍意义的对策。一定程度上可在教育教学与传播活动的互动互融中延展和深化传播学的理论视域，突显传播学的应用功能，从实践发展特别是教育教学活动中见出传播学的应用性与指导性，既为传播学提供了应用性的新路径和新思路，又丰富了课堂教学与教学研究的传播学养料，搭建交叉的理论平台。立足于课堂传播的现实，从宏观发展和多维变革语境把握课堂传播的动态本质，将其置于具有时代特征的发展过程之中，从多维视角探析其呈现的新质，从而实现来自教师、学生、教材、传播工具与技术、社会生活、人生经验等各领域的知识、情感、信息等的共享和互动，畅通交流、沟通、反馈的传播渠道，弘扬正面效应，克服负面效应，在协同发展、和谐共存中实现课堂教育教学目标，具有一定的实际参照价值。将传播学理论、方法与课堂教育教学活动的实际相结合，从信息的流动与消化及其功能的转化来把握作为生命主体的师生双方的主体性生成过程，以课堂传播新变及其优化与适应性为切入点，真正从信息传播本体层面探究课堂教育教学活动的传播学问题，揭示课堂活动动态而具体的规律，提高课堂效率，开启了课堂教育教学研究的另外一个通道，领略到课堂活动的另外一种景致，对现代新型课堂的构建具有指导意义。

笔者十多年来一直注重结合自身教育教学实践，关注和思考课堂传播问题，就师生主体的生命体验性、课堂信息价值的生成性、课堂传播的对话性、课堂传播中知识信息与渠道构建的特质、课堂传播中知识信息的预期与教学基本形态、学生对知识信息的需求特征、课堂传播的智慧艺术等问题进行了较为系统的思考，特别在课堂传播中知识信息与渠道构建的特质、课堂传播中知识信息的预期与教学基本形态、课堂新媒体传播的负面效应及其克服策略等方面，进行了重点关注。我国的课堂传播研究整体上有待深化，诸多理论问题值得开拓开掘、深入研究。本书就是基于这些思考，循着既定的研究目标和思路，对多维变革语境下课堂传播的新变及其适应性进行研究，将传播学理论运用于教育教学实践之中，深化对课堂传播系统中一些重点难点问题的开掘，从课堂教育教学领域为应用传播学研究开辟新径，并为课堂传播实践提供另外一种考察视角。

随着课堂教学现代化特别是互联网的快速发展，线上教学成为社会普遍接受的课堂教育教学形式，新媒体、新技术对课堂传播的影响越来越大，且不说课堂活动本身是一种不断求新求变的传播活动，单就新的教学手段与工具的影响而言，就出现了很多值得研究的传播学问题。本书对影响课堂传播的多维因素及其运动过程进行研究，试图概括出新的特点，找出相关规律，具有普遍的意义。课堂传播活动始终处在动态发展与变革过程之中，从传播主体到传播内容选择，从传播渠道到工具依赖，从受众对象到传播效果检验等，均受到其自身系统内部因素和社会客观外在因素的影响，是一个相对稳定、持续而又开放、变动的作用系统；从多维变革语境来研究课堂传播的新变，实际上就是对这一系统的变化性与稳定性、发展性与持续性的研究，是对人类一种综合性社会实践活动的传播学审视，既体现了课堂教育教学活动的传播学属性，也是传播学理论与应用的一种现实表征。

（一）理论价值

课堂传播已有的研究主要集中在课堂传播效果、课堂语言传播艺术、课堂传播要素、课堂传播活动的各种影响因素等方面。总的来说，我国的课堂传播研究尚处在起步阶段，还有诸多理论和实践问题值得开拓开掘、深入研究。目前的研究主要表现出如下不足：一是照搬大众传播的一些理论模式，缺乏学科特色。事实上，课堂作为一个独特的传播环境，不同于大众传播，这些大众传播理论的适用性尚待检验。课堂教学是一种特殊的传播活动，它的传播对象、传播范围、传播方式、传受关系等各方面决定了课堂传播不同于大众传播的特殊性，目前的课堂传播研究尚未完全体现这种学科特殊性。二是研究视角大多集中于以传者（教师）为中心的传播模式，对受众（学生）分析得不够，体现的传播互动性不强，对于作为教师的传者与作为学生的受者的系统运动与整体性的传播过程及其反馈机制有待从课堂传播的特殊性出发予以进一步研究。三是对传播影响因素考虑得不够全面，一些研究只停留在对传播要素的简单分析上，对影响课堂传播的社会因素、文化因素、制度因素、技术因素等尚待系统的深入探究。而本书在已有研究成果的基础上，注重从传播的特征和规律的层面来把握课堂传播的本质，不断深化和拓展其研究。一是将课堂教育教学过程视为一种典型的传播活动，将传播学理论与课堂活动的实际相结合，研究课堂信息的有效生成、优化和反馈，为课堂效率的提高提供了理论参照；二是真正从信息传播本体的层面来研究课堂活动的传播学问题，对影响其信息优化和反馈的各种因素包括技术、手段等进行深入分析，从而寻找其策略与路径，对于现代课堂的构建具有重要意义；三是课堂传播要素是一个密切相关的运动系统，同时与传播场景及其各种影响因素处于相互作用之中，使用大众传播学理论对其进行研究，能够解决课堂传播中最具普遍意义的问题，挖掘课堂传播的传播学本质，同时延展传播学的应用功能，从课堂教育教学实践中为应用传播学开辟研究路径；四是从课堂传播中知识信息的预期与教学基本形态的层面对课堂传播效果的研究于传播学而言具有典型意义，于课堂教育教学而言也是最为关键的环节，分析了影响或干扰课堂传播效果的因素，并结合传播学理论，从不同类型的课堂形态出发，提出了如何排除干扰因素进而追求最佳课堂传播效果的一些对策，可谓把握了问题的主脉。五是从学科意义上真正区别于教育学层面的研究，回到课堂活动的传播本质，形成课堂传播学的独到意义区间，从传播学理论系统中寻找课堂活动的活性因子，在历时与共时、动态与静态、一般与个别的结合中考察，从一般意义上抽象或凝练出优化课堂传播效果、提高课堂传播效率的具有普遍意义的策略或原则，形成指导性的理论原理。

（二）实际应用价值

本书探究了课堂传播中具有实际意义的重要问题：一是将课堂语言传播艺术与知识信息的有效生成及其在传播过程各个环节的不同作用等进行系统的研究，深入考量非语言传播、无声语言传播在课堂传播中的功能及其作用方式等，具有实际的应用价值，特别是在课堂传播新技术不断发展和课堂信息化特征日益凸显的现代课堂传播语境下，课堂传播的话语生产机制与过程也变得复杂多样，势必带来课堂语言传播艺术的新问题，本成果显然具有实际的指导性。二是指出对话是适应现代课堂传播规律的新型教学形态，其对话策略具体表现为两方面：一方面是以对话为中介，不断将文本知识信息转化、生成为学生的能力，在主体与文本的对话运动中有效实现文本价值的"现代"转换，正确把握和消除主体与文本之间的信息阻隔等方式，有效实现主体与文本之间的对话；另一方面则是构建主体之间对话的情境，确保主体之间话语权的平等，从而不断优化课堂教学主体之间的对话，对于课堂传播的有效性作了具有实际意义的探讨。三是提出了课堂传播中的知识信息预期这一范畴，并对其与教学的主要形态的关系作了分析，认为课堂传播中的知识信息经过了作为生命主体的教师的转化与优选，是一种预期性的价值形态，师生作为传、受双方，其对知识信息的预期在课堂传播场中交会之后，往往会出现或是亲和、吸引，或是疏远、排斥，或是中性、无关的复杂状态而生成不同的课堂教学形态，前者是正向而积极的，后两者是消极而带有负性倾向的；只有经过教师适时而恰当的调控，才会在传播内容和传播形式的交结点上生成最佳的课堂教学效益。另外，当今社会，由于多媒体的强势介入和过度利用，高校本科学生的课堂传播，特别是文史课堂，其最具魅力的人文性正在远离我们而去，其表现是：新媒体课堂传播重技术，轻艺术；重知识，轻见识；重共性，轻个性。这些问题现实性强，通过研究，我们建议作为有责任感、使命感的教师，要因学科而异，因课程而异，因对象而异，在运用新媒体的时候，把握分寸，合理、适当、选择性地使用新媒体，千万不能滥用、乱用新媒体，以彰显教师在课堂传播中的主导作用。本书对新媒体环境下传统课堂教学所面临的负面影响和应对之策进行了研究，因此，本书成果对当下现实有一定的现实指导意义，为当今的学校课堂教学提供应用性启示。

三、主要研究目标

课堂教育教学过程包括了传播活动的各种因素：传播者、受传者、讯息、媒介、反馈、渠道等，也体现了传播的各种功能，不管是从人际传播来考察，从组织传播、社会传播来把握，还是从传播本身的过程及其各种因素来解剖，均不例外。而从课堂传播关系得以建立的本原及其矛盾运动过程来看，课堂传播活动源于作为生命主体的师生双方的需求。无论是教师还是学生，都拥有对知识信息进行传播、接受的兴趣和需要。它起自双方的生命冲动，源于作为主体的人的生存、成长与发展的追求取向，也是最为本质的生命意识之所在。没有这种生命需求的内在冲动，就没有激情、没有动力、没有对于知识信息的最为根本的领悟，课堂传播双方就处于一种消极无为状态，甚至无法建立起来。需要，正是课堂传播中生命主体互动的内在机制。教师作为传播内容的知识信息的把关人，是课堂传播活动的主导者和总策划人，其传播需求是课堂活动得以展开的原初动力。教师的这种传播需要源于其出自生命冲动的对职业的热爱与选择，源于教师的职业意识、职业定位与职业精神，源于教师的职业责任感和使命感。学生的需求源自一种成长的条件与求知的欲望，不论是哪种类型、哪个层级的课堂传播，作为受众的学生对知识信息的需求，均是处于一种生命本体的欲念，是一种生命的现实及其提升的驱动，没有求知欲望的学生就没有动力，课堂传播就无法构建或者会缺乏活力和氛围。作为接受主体的学生对知识信息的追求，首要的表现是其匮乏性需要，必须以知识信息来填充自己的"心理空缺"，满足对于外界包括社会的和自然的"心理期待"，形成充实的知识储备。对知识信息的"心理空缺"是人的自然化特征的表现与社会化特征的表现的统一。从人的发展历程来看，由"匮乏性需要"到"超越性需要"，是一个递进的过程，是人的本质力量的体现，也说明人对知识的需求是过程化的连续与绵延，在梯度式提升中实现超越，在超越式累积中走向完善。而这正是课堂传播活动的终极追求。这一理念是本书研究的基本指向，试图从课堂传播的最高层面来审视其整体过程，确立研究的目标。而在以往的研究中，多注重考察课堂传播的具体环节与功能，仅就其技艺与方法的层面来分析，长期忽视师生作为传受双方的生命主体的内在动力机制与运动规律，对课堂传播缺乏一种始基意义的深层整体探究。因而，依照这样一种目标与理念，本书研究既能从理论上形成对课堂传播的原理性认识，又能在教育教学实践中提供一种指导，从而实现传播学的应用价值与课堂传播的理论构建。

　　课堂传播活动在具体时空条件下展开与推进，必然受到各种因素影响，有有形的物化空间与环境因素，也有无形的隐形性传播场域、氛围与传受双方心理活动交织而成的话语空间等，这种影响的直接结果就是课堂传播效率与质量的差异。因而不管是课堂知识信息的传授者还是接受者，其共同愿望就是极力消减课堂传播的负面因子，追求课堂效果最大化，建立和谐运动的课堂态势。本书立足于多维变革的语境，分析在科学技术迅猛发展、传播载体更新迭代、社会思潮风云变幻的现实场景中课堂传播新变的原因与表现，研究探讨课堂传播在诸多因素发生变革的情况下，其自身所受到的影响及其经历的变化。此外，变化中的课堂传播的适应性问题也是本书的另外一个关注点，把握课堂传播在当今新时代所面临的机遇与挑战，使之更好地汲取变革中的有益成分，解决课堂传播在变动之中所面临的难题，弘扬正面效应，克服负面效应，构建现代课堂的话语场域与意义空间。以多维视角研究当下课堂教育教学环境、形势的变革及其影响，探讨课堂传播变化的原因、表现形式及其运行的内在机制。并以此为基础，研究课堂传播活动中教师主体面对多维变革的语境，如何从教学内容、手段、方式与效果等方面主动适应新的要求，优化现代课堂传播路径，提高课堂传播效率，在动态发展的传播过程中达到最优的课堂效果。基于多维变革语境下课堂传播的变化，把握课堂传播过程构成要素的新特点，对教师在传播过程中的主导作用，新的传播媒体与技术对教学价值与效果的影响，传播对象的角色特点、行为特征和心理特征，传播环境变化的内涵与类型、价值与功能，传播信息的"含金量"与"金课"的打造，课堂传播效果的价值检测指标等进行分析，试图探讨教师对这种新变的主体适应性与课堂有效传播的基本策略。

在信息化特征日益凸显的现代课堂传播语境下，如何在传播学、语言学与教育学之间寻找其交会的共同区间，或者从一般的意义上探究其作为传播学的普遍规律与特殊规律，特别是怎样将其与知识信息的有效生成及其在传播过程各环节的不同作用等进行系统研究，如何协同课堂教育教学的各种因素而提高课堂传播效率，克服课堂传播新变的负面效应等问题，都值得进一步思考。本书从师生互动的信息运动过程来研究其效益的提升，探究其信息生成特征、知识价值的转化机制、学生知识结构的形成、传播渠道优化的途径、在线课堂与传统课堂比照视域下课堂传播的人文精神回归，从人类传播的特征和规律层面把握课堂传播本质，具有普适性。

本书在已有研究成果的基础上深化和拓展了研究领域，为课堂传播学的构建提供了重要的参照。同时，将需求理论与传播学的信息范畴相连接，形成了新的研究视野，认为教师必定有一种传播知识信息的内在冲动，有一种无法遏止的表达需要，而且是出于最本真的生命之需，而这种传播需求正是课堂活动得以展开的原初动力。而学生的需求源自一种成长的条件与求知的欲望，不论是哪种类型、哪个层级的课堂传播，作为受众的学生对知识信息的需求，均处于一种生命本体的欲念，是一种生命的现实及其提升的驱动；而课堂传播的终极追求就是使教师的传播需求与学生对知识信息的需求契合一致，在互动互容中实现课堂传播的至善至美之境。可见本成果将需要理论与信息范畴融合于课堂传播，形成了独有的研究路径与结论。

四、基本研究方法

基于以上的整体思路与系统原则，本书在研究方法上坚持辩证唯物主义的基本原理，在多维变革的语境下课堂教育教学与传播学的结合点上延伸研究领域，在案例分析与理论把握相结合的基础上展开研究，在分析探讨课堂传播一般理论原理与内在规律的前提下，对目前课堂传播活动发生的变化进行系统的论析与理论原理的抽象，研究其运动过程与状态，掌握第一手资料，将实践经验和感知上升到理论高度，同时又摆脱以往的经验研究与感性研究、单纯的课堂教育教学方法研究的窠臼，把握课堂传播的宏大视野，将系统研究和分层研究相结合，找出课堂传播在多维变革语境下的特征与规律。

笔者拟选取一些具体的重要专题予以探讨，本书研究实际上是在以往研究基础上的进一步拓展和深化，面对新形势下课堂传播的变化，分析其正面效应和负面影响，体现课堂传播的动态变化进程与时代特征。研究选取的切入点和思维路径，突破了"课堂教学""课堂艺术"等传统思路，在理论和实践的结合中延展其领域，强化其效果，凸显其现实意义，对课堂传播新变的整体特质与运动规律等问题提出自己的见解。同时，重视课堂传播活动自身的认知原理，借用相关学科特别是传播学、社会学的研究方法，应用抽象的逻辑思辨方法和历史的具体分析方法，在典型的个案解剖与理论分析的结合中，拓宽研究视野，探讨课堂传播的规律。

五、主要创新之处

在多维变革语境下探讨课堂传播新变及其适应性问题，研究视角从单一转变为多元，是对课堂传播的动态考察，是对发展迅速的现实环境及其影响因素的辩证审思。这样将一般的教学研究或课堂研究提升到一个新的理论层面或学科角度来认识，实际上也是寻找课堂教育教学传播效果的最佳路径。其主旨凸显了课堂活动在外部环境影响下所具有的不确定性特征，强调以多元的视角对课堂传播进行考量，将学生置于信息接受中与教师平等的地位，实现了学生人格的精神的解放，凸显课堂活动中传授双方的互动，彻底摆脱了以往单一的课堂行为论，将课堂传播诸要素的动态性特征置于流动的场域中考察，建立了现代的课堂传播场。从这样的层面来看，本书完全不同于以往对课堂教学的一般研究，而是一种现代课堂的新构建。课堂传播是一个涉及多种因素的系统，本书通过对课堂传播新变及其发生原因的综合把握，从一般原理出发，选取相关重要问题，从核心概念来透析其基本状态与特点，分析课堂传播的现实困境，探究其运动机理与内在规律，寻找新的超越。以多维变革为背景，以师生作为传受双方的生命主体的需求机制为基点而展开，所选取的研究内容以点面结合为基本原则，从"新变"与"优化"等视角探讨课堂传播的一般规律与特殊规律，力争迈向课堂传播的理论形态，体现了研究者长期从事教育教学工作的一种独立思考。比如，对于课堂传播中流动的知识信息这一原基范畴，以往一般就只从教学内容的角度进行研究，虽然也讲教师的"传"和学生的"学"，但往往视为教师的专利，视为一种固化的存在，至少对其流动性的本质点缺乏考察，本书则基于师生双方的生命需要机理，既分析了知识信息从教材到教师的转化，又把握了其从教师到学生的运动规律，同时充分强调了学生的反馈，强调了知识信息在师生之间的流动性特征，因而知识信息作为课堂传播的基元，其内在特质就有了基本的规定，就有了与以往一般立论层面上不同的属性，而这也恰恰是课堂传播规律的内涵所在。再比如，从课堂活动中师生作为传受方对知识信息的价值预期来看，本书研究不仅将这种价值预期进行了类型化的描述与抽象，试图从中找到规律，同时以传受双方师生的需求切合作为切入点，分析了双方对信息的使用及其契合的问题，从而探索了其中折射出的三种教学形态，为课堂传播提供了理论化的模型与现实的启示。这些集中到一点，就是从不同层面探讨课堂传播的一般规律与特殊规律，力争迈向课堂传播的理论形态。凡此种种，都不同于一般的教育教学问题探讨，而是他人以往的研究中没有涉及的，也是本书的创新之所在。

第一章

课堂传播研究概述

  课堂教育教学活动是一个完整的传播过程，包含了传播的各种因素和环节；已有的研究主要集中在课堂传播效果、课堂语言传播艺术、课堂传播要素、课堂信息的优化和反馈、课堂传播活动的各种影响因素等方面，取得了重要成果；应进一步从传播的特征和规律的层面来把握课堂传播的本质，不断深化和拓展其研究。

  教育传播学作为一门学科在我国兴起于 20 世纪 80 年代。早在 90 年代初，我国就有一些教育传播学方面的教材与论著问世，产生了影响。如 1992 年有魏奇、钟志贤主编，江西教育出版社出版的《教育传播学》；高蕴奇、金振坤等人主编，上海教育出版社出版的《教育传播学》；邵培仁主编，由南京大学出版社出版的《教育传播学》。1995 年又有南国农、李运林主编的《教育传播学》由高等教育出版社出版。这些教材和论著主要集中于宏观的"教育"范畴，对教育活动的传播特点和规律予以整体的考察分析，对于具体的课堂传播活动也有涉及，但较少对"课堂传播"进行专门的深入讨论。随后几年，教育传播研究进入相对的沉寂阶段，研究文章和论著较少。近年来，随着传播学的日渐成熟和教育教学教改、研究的推进，教育传播又进入一个研究活跃期，出现了一些有影响的研究成果，"课堂传播"作为教育传播学的重要组成部分也引起研究者的重视，比如奚晓霞主编的《教育传播学教程》，由西南师范大学出版社于 2009 年出版，就在"应用篇"中将"课堂传播"作专章论述；同时学界也出现了一批研究文章，本文拟择其要者从以下几个方面予以归纳分析，以期对课堂传播研究起到一定的启发作用。

一、对课堂传播效果的研究

课堂教育教学活动是一个系统的信息传播、接受与反馈、优化过程，是一种典型的传播活动；对于课堂传播效果的研究不仅合乎传播学的一般理论原理与规则，而且对于课堂教育教学具有十分重要的现实意义。整体而言，对课堂传播效果的研究，成果最多，最为深入。

李永平认为，"课堂教学本质上是一种沟通交流活动""课堂教学的成功与否，在很大程度上取决于师生沟通互动过程中倾听的成败"，在现代教学理念中，学生的参与程度直接影响着教学效果的好坏。而在影响课堂传播效果的诸多因素中，学生的背景资料占了很大的比重，它影响了教学活动的倾听、选择和动机。同时文章以课堂传播活动中的沟通与交流这一关键环节为立点，结合传播学理论，从受众者学生与传播者教师及其影响因素等方面对课堂传播效果予以探究，给出了提高课堂传播效果的有益建议：在"搞好高校社团活动，形成积极向上的校园文化"的同时，加强对学生本身的研究，"在学生的切实需要和学校教学目标之间找到一个结合点，最大程度上实现因材施教"。[1]

刘良初则从传播学的视域来观照课堂教学活动，涉及专业的传播学领域，系统分析了影响课堂传播效果的各种因素及课堂传播过程中的各种干扰及其成因，探讨了有效课堂传播的基本策略，并对课堂传播效果检测价值、指标、方法、步骤等进行了阐析[2]，作者深入到他人较少涉及的"课堂传播效果"领域，对课堂传播研究的维度与理论构建等问题提出了自己的见解，较为系统和深入，对于课堂传播研究与传播学的应用研究均具启发。

李明高则以文献分析法为主要研究方法，以传播学为视角，对高校课堂教学的有效性进行了分析和研究。文章在把握高校课堂教学传播过程构成要素的基础上，对教师在传播过程中的主导作用，传播信息的"含金量"问题，传播媒体的教学价值和美学意义，传播对象的角色特点、行为特性和心理特征，传播环境的

[1] 李永平. 课堂教学效果的传播学分析 [J]. 西安石油大学学报（社会科学版），2004（3）：70-72.

[2] 刘良初. 课堂传播效果研究 [M]. 长沙：湖南人民出版社，2007.

内涵与类型、价值与功能等问题进行了分析，特别是从信源、信息、媒体、信宿、环境等 5 个方面审视和分析了影响高校课堂传播效果的各种干扰因素，阐释了这些因素在课堂传播过程中的表现，并结合实际提出提高高校课堂教学传播效果的具体对策：努力提高课堂传播主体的素养和内功，精心提炼和控制课堂传播信息，合理选择与使用教学传播媒体，积极营造与改善课堂传播环境，提升课堂传播对象的素质和行为能力，不断优化课堂传播效果，并提出了课堂传播效果的评价指标。[1] 该文的研究对象是高校课堂传播的有效性问题，也即传播效果的研究，将传播学理论运用于高校课堂传播研究，其中对课堂传播效果中影响因素的研究尤有一定的参照与借鉴意义。

党传艳、林茜认为"蒙太奇不是影视艺术所特有的元素，它完全可以运用到课堂传播中，并会使课堂传播达到意想不到的效果"。他们从空间蒙太奇的内涵与特点着手，结合课堂传播的特点，探讨空间蒙太奇在课堂传播中的运用原则和应注意的 5 个问题，其中调整感官、激发联想、寻觅意境等原则富于启发。[2]

对课堂传播效果的研究于传播学而言具有典型意义，于课堂教育教学而言也是最为关键的环节，研究者多分析了影响或干扰课堂传播效果的因素，并结合传播学理论，从不同类型的课堂形态出发，提出了如何排除干扰因素进而追求最佳课堂传播效果的一些对策，可谓把握了问题的主脉，具有现实针对性和理论的意义。但从整体来说，如何将课堂传播视为传播类型之一种，从一般意义上抽象或凝练出优化课堂传播效果、提高课堂传播效率的具有普遍意义的策略或原则，并从理论层面对课堂传播具有指导意义，是今后研究中有待进一步加强和深化的课题。同时要将课堂传播活动置于动态的运动过程之中，在历时与共时、动态与静态、一般与个别的结合中深化其研究成果，从而为传播学的应用与发展提供一种现实的路径，在课堂传播中开辟一片富于生机的鲜活绿洲。

---

[1] 李明高 . 高校课堂教学有效性的传播学研究 [D]. 苏州：苏州大学，2009.

[2] 党传艳，林茜 . 空间蒙太奇在课堂传播中的运用研究 [J]. 中国教育技术装备，2010（21）：39-40.

二、对课堂传播语言艺术的探讨

课堂传播活动的重要媒介是语言，包括有声语言和无声语言，语言是流动的、无形的，但它是课堂信息与知识传播的重要中介，是连接传播者与接受者的关键渠道，是信息生成通道的有力支撑，在课堂传播系统中具有十分重要的意义。在以往对课堂教育教学的研究中，课堂语言一直是研究的重点对象，在不同的课堂类型中，语言的表达及其效果是不同的，但归结到一点，语言既是课堂内容的集中传达，而其本身也有着十分重要的表达艺术，不同的课堂语言会产生迥然不同的课堂效果。语言作为信息与知识的联通渠道，从传播学角度对课堂语言的研究与从教育学、教学法的层面对课堂语言的研究有所不同，既要研究其传播的艺术，也要研究其作为信息与知识载体的传播学意义，还要从不同传播环节的各种效应及其与传播环境的互动等方面予以阐释，概括出课堂传播中语言艺术的一般规律。整体而言，对课堂传播中语言艺术的研究时间早，取得了高质量的成果。

闫顺利、郭洪生从有声语言传播、态势语言传播、书面语言传播等几个方面论述了课堂讲授的语言艺术，阐释了教学方式传播的艺术性，分析了制约课堂讲授语言传播艺术的几种因素，那就是教学效果、教师态度、教师的素质和水平[1]，对于课堂传播活动的语言技巧掌握等有一定的实践价值。

赖先刚则认为课堂教学语言是一种"领域语言"，它在构成上具有复合性，在功能上具有多重性；并运用信息传播理论分析其运用策略，提出了课堂教学言语行为的6大原则，即①一节课"目的系统"的设置原则；②排除信道干扰所遵照的语言和言语手段原则；③课堂教学语言的信息处理与加工的原则；④冗余信息积极利用的原则；⑤信源和信宿的转换及信息的反馈原则；⑥信道的"润滑"原则。[2] 文章运用信息传播理论研究课堂语言行为，将课堂语言活动置于信息学的层面来把握，并结合实践提出了具有实质性价值的策略，为课堂传播语言研究拓展了领域。

---

[1] 闫顺利，郭洪生.论课堂讲授语言传播的艺术 [J].河北农业大学学报（农林教育版），1999（1）：38-39.

[2] 赖先刚.试论课堂教学语言的言语行为与信息传播 [J].乐山师范学院学报，2006（6）：130-132.

　　张玉娥则分析了教师通过体态、类语言、环境空间、服饰等非语言对课堂传播的影响，认为非语言传播是课堂教学重要的组成部分，在课堂教学中合理运用非语言行为不仅有助于提高课堂教学的效果，而且是教育取得成功的一个重要环节；非语言符号的使用需要师生默契配合，自觉协调，教师在教学过程中的表情和动作要保持适度性。[1] 文章在考察课堂传播时引入非语言的范畴，并结合传播学知识进行分析，对于如何充分发挥非语言在课堂传播中作用，实现有效的课堂传播是有意义的。

　　课堂语言传播艺术是一个综合性的范畴，如何在传播学、语言学与教育学之间寻找其交会的共同区间，或者从一般的意义上来探究其作为传播学的普遍规律与特殊规律，特别是怎样将其与知识信息的有效生成及其在传播过程各个环节的不同作用等进行系统的研究，如何深入考量非语言传播、无声语言传播在课堂传播中的功能及其作用方式等，都值得进一步地思考。在课堂传播新技术不断发展和课堂信息化特征日益凸显的现代课堂传播语境下，课堂传播的话语生产机制与过程也变得复杂多样，势必带来课堂语言传播艺术的新问题，必须结合多媒体特征与信息技术手段展开研究。

三、使用大众传播理论对课堂传播要素进行分析

　　课堂教育教学活动是一个完整的传播过程，包含了传播的各种因素和环节，从传播主体的教师对信息的选择和处理到作为学生的受众对信息的接受和反馈，到课堂效果的最终生成等，都具有典型的传播学意义。因而，使用大众传播理论对课堂传播要素进行研究成为课堂传播研究这一领域的基础工程，是传播学理论在课堂教育教学实践中的有效运用，是传播学理论与课堂教育教学实践活动的互动互应。在这个方面的研究文章主要有两类。

　　一类是按照拉斯韦尔的"五 W"模式对课堂传播过程中的五大要素或从整体

---

[1] 张玉娥. 非语言传播在课堂教学中的运用 [J]. 法制与社会，2007（11）：715–716.

上或从不同的要素点上进行分析，把握了传播学理论在课堂教育教学活动中的实践指导意义和课堂教育教学活动的传播特质，试图寻找课堂传播活动的整体规律。如张九洲认为课堂教学是一种特殊的文化传播系统，主要由教育信息传者、教育信息受者、教育信息通道、教育信宿和教育效果五大要素构成，并将拉斯韦尔的"五W"模式运用其中，引用其"控制研究""内容分析""媒介分析""受众分析""效果分析"，分别对教师、教学内容、教学媒体、学生及教学效果予以探讨。[1]张玲霜则以语文课堂教学活动为研究对象，对其教学过程进行了传播学分析，认为语文课堂教学活动是一个信息传播和接收的过程，正好对应了传播学始祖拉斯韦尔提出的传播的"五W"模式，以此为基础分析了语文课堂教学活动及其传播学意义。[2]

另一类则用大众传播理论解释课堂传播中的一些具体现象并提出相对应的策略。如党东耀认为传播学的基本理论应在课堂教学环节中发挥重要指导作用，从而结合传播学理论和方法，从双向传播、组织传播、人际传播和课堂教学的适度"把关"与内容的选择等方面探讨高校课堂教学中的规律，从课堂实际出发提出了具体应用方法。[3]

课堂传播要素是一个密切相关的运动系统，同时与传播场景及其各种影响因素处于相互作用之中，使用大众传播学理论对其进行研究，能够解决课堂传播中最具普遍意义的问题，挖掘课堂传播的传播学本质，同时延展传播学的应用功能，从课堂教育教学实践中为应用传播学开辟研究路径，但当下在这方面的研究有待深入拓展，并且要从学科意义上真正区别于教育学层面的研究，回到课堂活动的传播本质，形成课堂传播学的独到意义区间，从传播学理论系统中寻找课堂活动的活性因子，形成指导性的理论原理。

[1] 张九洲. 课堂教学的传播要素探析 [J]. 哈尔滨学院学报, 2003（12）: 100-102.

[2] 张玲霜. 语文课堂教学活动的传播学分析 [J]. 文学教育, 2010（7）: 144-145.

[3] 党东耀. 传播学原理在高校课堂教学中的应用 [J]. 新闻前哨, 2010（12）: 36-38.

四、对课堂知识信息优化和反馈的研究

课堂传播以知识信息为直接依托，课堂传播中流动的知识信息经过教师的主体性改造，形成具有传播价值的信息贮存系统。从教材文本信息到课堂传播中的信息经过了教师的思维转化，是一个具有价值取舍的复杂过程。这一转化过程一直延续到课堂现场传播之中，即使是信息在课堂表达之前和之中，教师也可能对此作出适当调整，使其更适合于课堂传播的现场情景。而学生是具有自主学习能力的知识信息接受主体，通过对课堂传播中知识信息的再改造和反馈等方式来形成信息的回路，与传授者在互动中不断优化课堂传播的信息质量，并推动作为传播主体的教师的信息选择和再传。因此，对课堂信息的优化和反馈的研究，是基于传播学基本原理对课堂教育教学的一种推进。

张美在对课堂传播中的信息及其特点予以阐释的基础上，对教学信息的优化进行了分析，认为课堂教学是一个信息传递的过程，信息只有在被传递的各个环节中得到优化处理才能实现整体的优化，从而实现教学优化获取最佳效果；因为教学信息有种类繁杂性、信息量的递增性两方面的特点，在课堂活动中就要进行教学信息内容的优化、信息编码的优化、信息转换的优化、信息反馈的优化，从而实现教学优化获取最佳效果。[1]

而黄立新则将课堂"信息反馈"作为关注的焦点，探讨课堂传播中的互动质量和传播效能问题。文章采用实证研究方法，调查分析了课堂教学中互动反馈的现状，指出课堂传播中存在互动反馈方式缺乏技术支持、反馈机会不平等等问题；认为要通过引进信息技术支持的课堂互动反馈系统（CRS）等技术手段，让每个学生平等参与到学习活动中并为师生实时提供准确的反馈信息处理结果，提高反馈信息的精细化处理程度，促进教室成员的平等、互动与沟通，以此优化教育传播过程，动态生成应对策略，从而优化教育传播过程，提高课堂传播有效率。[2] 基于

---

[1] 张美 . 课堂传播中教学信息的优化 [J]. 浙江教育学院学报，2004（5）：99–102.

[2] 黄立新 . 教学传播过程中反馈信息的精细处理 [J]. 电化教育研究，2007（7）：16–20.

技术进步带来的课堂反馈信息处理方式的变革及其构建，无疑对课堂传播研究具有不可忽视的意义，对现实的课堂教育教学活动也颇有启示。

笔者曾对课堂传播的信息及其渠道特征，在传播过程中的优化和对应的教学形态等进行了探讨，认为经教师的主体性转化而进入课堂传播中的知识信息的特征具有科学性、严密性、可传播性和可接受性的特质；而作为课堂知识信息传播与流动之基本依托的渠道，必须具有适应性、便于传播、多元优化、抗干扰、独特性、伸展性和对接性等特征，只有在两者的融通中才会形成流畅无碍的课题信息流；课堂传播活动中学生对知识信息的需要系统，与外在环境和社会发展处于相互作用之中，既是动态的，也是分层的，其主导需要对社会具有提醒作用，并在其群体内部引领走向；其易于受到具有流行性特征的社会文化心理的"干扰"，必须予以引导和纠偏。课堂传播中的知识信息经过了作为生命主体的教师的转化与优选，是一种预期性的价值形态；师生作为传、受双方；其对知识信息的预期在课堂传播场中交会之后，往往会出现或是亲和、吸引，或是疏远、排斥，或是中性、无关的复杂状态而生成不同的课堂教学形态，前者是正向而积极的，后两者是消极而带有负性倾向的；只有经过教师适时而恰当的调控，才会在传播内容和传播形式的交结点上生成最佳的课堂教学效益。可见，在课堂传播信息的优化程序中，教师对于信息的把握和处理处在十分重要的位置，而接受者与课堂传播场的影响也不能忽视，必须形成有效的动力机制和和谐的信息环境，才能促进课堂传播信息的优化。

对课堂信息优化和反馈的研究涉及课堂活动的关键环节，对课堂传播中信息的有效生成具有重要意义，同时从教育教学的角度来说，对于课堂效率的提高有着理论和现实的参照，因而如何将传播学理论与课堂活动的实际相结合，真正从信息传播本体的层面来研究课堂活动的传播学问题，对影响其信息优化和反馈的各种因素包括技术、手段等进行深入分析，从而寻找其策略与路径，对于现代课堂的构建具有重要意义。

五、对课堂传播影响因素的研究

课堂传播活动在具体的时空条件下展开与推进，必然受到各种因素的影响，其中既有有形的物化的空间与环境因素，也有无形的隐性的传播场域、氛围与传授双方心理活动交织而成的话语空间等，这种影响的直接结果就是课堂传播效率与质量的差异。因而不管是课堂知识信息的传授者还是接受者，其共同的愿望就是要极力消减课堂传播中的负性影响因子，追求课堂传播效果的最大化，建立和谐运动的课堂态势。正因为如此，对课堂传播活动的各种影响因素的研究就成为关注的一个课题。

宋伟龙以高校多媒体课堂传播为对象，从传播学的视角解读课堂信息的传播，根据信息传播的"香农—韦弗模式"以及"德弗勒的互动过程模式"，认为多媒体教学课堂信息的传播过程中"噪音"大量存在，主要讨论了信源、编码、环境、技术、受众心理五方面的噪音问题。[1]也有研究者探讨了新的传播技术对课堂传播的影响，如楼广赤分析了课堂教学传播中现代教育媒体的组合使用优势、原则、形式以及前景，认为课堂教学中的教育媒体组合使用要考虑教学内容要求、学习者的状态及客观条件的允许范围等因素；多媒体设计有序组合形式是充分发挥各种教育媒体功能的有效方式，也是现代教育发展的必然趋势，具有广阔的前景。[2]实际上所涉就是协同各种课堂教育教学因素而提高课堂传播效率的问题。

六、其他方面的研究

这类研究主要引入其他学科的相关理论对课堂传播现象进行探讨，角度较为独特。如郑有庆、王太昌将耗散结构理论引入课堂传播研究，对教师课堂教学进行耗散分析，特别探讨了课堂教学过程中各要素的耗散结构特点，并提出其控制

---

[1] 宋伟龙.传播学视角下高校多媒体课堂传播中的"噪音"分析[J].科协论坛（下半月），2010（6）：159-160.

[2] 楼广赤.课堂教学传播中的教学媒体组合使用[J].电化教育，2005（6）：58-60.

要点。他们认为具有高度模糊性和主观性的课堂教学传播过程也是一个复杂的系统，具有非线性和不确定性；教师应该力争使课堂教学过程中的传播通道、学生思维系统和知识结构等各个要素都处于远离平衡的状态，控制信息的涨落，促使学生的知识系统失稳，帮助学生建立新的有序知识结构。[1]

　　总的来说，我国的课堂传播研究尚处在起步阶段，还有诸多理论和实践问题值得开拓开掘、深入研究。目前的研究主要表现出如下不足：一是照搬大众传播的一些理论模式，缺乏学科特色。事实上，课堂作为一个独特的传播环境，不同于大众传播，这些大众传播理论的适用性尚待检验。课堂教学是一种特殊的传播活动，它的传播对象、传播范围、传播方式、传受关系等各方面决定了课堂传播不同于大众传播的特殊性，目前的课堂传播研究尚未完全体现这种学科特殊性。二是研究视角大多集中于以传者（教师）为中心的传播模式，对受众（学生）分析得不够，体现的传播互动性不强，对于作为教师的传者与作为学生的受者的系统运动与整体性的传播过程及其反馈机制有待从课堂传播的特殊性出发予以进一步研究。三是对传播影响因素考虑得不够全面，一些研究只停留在对传播要素的简单分析上，对影响课堂传播的社会因素、文化因素、制度因素、技术因素等尚待系统的深入探究。四是研究方法上以定性研究为主，缺少精确、有说服力的实验设计和统计数据，影响其研究效度。

　　课堂教学是师生之间丰富生动的交流与对话过程，知识信息正是依此得以传播，并内化于作为受者的学生个体生命之中。从这个角度看，课堂教学不再是书本知识的简单传递与接受过程，而应该是知识信息的传播与生成活动。显然，课堂传播过程并非单向度的，而是师生共同作为富有生命意义的主体而存在于课堂，共享知识、信息、情感、思想碰撞与心灵交会等课堂要素，课堂语言、传播技能、现代教学手段与课堂信息流动渠道等则成为师生交流与对话并进而实现课堂传播效果与意义的有效媒介。将课堂教育教学活动置于人类传播活动的大背景下予以考察，探究课堂传播的信息生成特征及其传播渠道优化的途径，从师生互动的信

[1] 郑有庆，王太昌. 课堂教学传播的耗散分析 [J]. 教育传播与技术，2009（2）：3-6.

息运动过程来研究课堂教育教学效益的提升、学生知识结构的形成和知识价值的转化机制，也即从人类传播的特征和规律的层面来把握课堂传播的本质，这一路径把住了作为课堂传播之关键点的信息范畴，并以此为起点而深入探究其运动过程与规律、特点，具有了普适性，不论是从学科建设的理论指向上看，还是从现实实践活动的层面而言，都有其不可忽视的价值和特别重要的意义，应在已取得的研究成果的基础上不断深化和拓展其研究领域，构建课堂传播学。

第二章

课堂传播目标论

课堂传播的目标可以从宏观、中观和微观等不同层次面来确立与分析，作为课堂教育教学的内在驱动力，贯穿于课堂传播过程的始终。在此，笔者就四个方面从宏观的角度予以分析。

一、构建合理的知识结构

构建合理的知识结构是课堂传播目标的关键点。知识结构是在长期的积累与内化中形成的，具有自己的存在形态和表现方式。笔者以新闻与传播专业教学的相关课堂传播为探究对象予以分析。新闻与传播实践活动对人才质量的检验，实际上是对其知识结构的一种整体考量，是对其知识"博"与"专"及其结构状态和由此生成的"知识力"的一种权衡。

科学技术飞速发展，新的技术和工具产生了极大的生产效益，日益呈现出其优越性，深刻地影响着社会生活的各个方面，包括人们的思维方式、生活方式和情感表达方式，技术依赖不可避免，技术崇拜油然而生，因而在当代大学教育教学中，大学生对知识价值的判断往往出现单一的标准，即以是否有用、能否直接运用于生产生活实践中解决具体问题作为其选择、汲取知识的重要乃至唯一的条件，重应用和实践，轻理论和学理；重技艺和技术，轻背景和内涵。这样一种偏颇倾向，导致新闻与传播这一应用性极强的专业其学生对文化基础课和素质拓展课程产生厌学情绪，折损其可持续发展的后劲，消解其立足长远的底气。同时，受到新闻与传播研究范式的影响，认为只有新闻与传播的职业行为与实践活动才是其真正的关注点。这种实践思维的必然结果，就是理论研究的"术化"，就是以能否指导实践作为新闻与传播学科的判断标准，强调新闻与传播的实务而忽视理论功底与知识素养，把实用型人才的培养作为新闻与传播教育教学的唯一目标，抹杀了新闻传播教育与新闻传播培训之间的差异，缺少了"学"的内质，因而引导学生产生技术与实务崇拜心理，既不利于新闻与传播学自身的学科建设，也使其人才培养走向技术至上、实践唯一的胡同。

1. 任何学科的培养计划和知识构建都是一个体系，是一个由低到高、由浅入深的"内化"过程，文化基础课程是一种背景存在，为新闻与传播专业知识学习打下基础、夯实内涵，其最终功能与旨归在于作用于人的思维创造层面，转化为一种潜能与创意，并渗入和化作人自身素质的各个方面，为新闻与传播专业技能的提升注入内在的动力机制和活力源泉。

那么，能力背景和知识差异是怎样形成的呢？能力是知识积累及其使用的集中体现，人从书本、社会实践和人生经历中接受各种各样的知识，在接受的过程中随着年龄的增长，其选择的自觉性越强，其选择的中心点是自我构建的一个生长过程，即不断地围绕着自我的需要和兴趣等主体取向来向外界索要知识，从而形成稳定而开放的知识结构。合理的、有用的知识结构是人的能力发展与实践活动的需求和体现。人接受和学习知识的过程既有系统性，也有零散性；既有直接的，也有间接的，而伴随着人的成长总会在其自觉约束机制的规限下形成一种框架。框架内的知识要素是由多种因子互相构建的，并不是都能直接应用到实际中来解决具体问题；具体实用或应用性只是知识的一种价值，知识的其他价值则是变为主体思维与意识的底层铺垫，即能力背景。人的知识构成的厚度、深度、宽度，即平常我们所说的功底，实际上取决于能力背景的差异和知识积累的不同，在调度和使用知识时就会有不同的表现，能力的高低实际上就是知识差异的一种现实表征，主体的生活与工作质量也就出现了不同。

知识的运用就是对知识结构的综合调度和系统支配，当表现为解决问题的具体行为时，即是知识工具性的体现，而很大一部分只会作为一种积淀和贮备而隐匿于人的精神世界，是一种有力的支撑，这也就是知识的背景性。前者目的明确，针对性强，具有可操作性的优势；后者持续生成，是"冰山"之底，为主体行为动力的依托，也正是知识高于或超越于工具之上的价值所在。知识程度越高，其实践的工具价值就容易得到彰显，而其超越于工具之上的力量也就越强大，两者在互动共进中推进主体的思维创新。可见，知识的主体性转化就是形成一种内在的"力"，即知识力。"知识力是有知识灌注其中、渗透其内的力，是由知识武装起来、为知识所改造和训练并定向发展的力"，"知识力是构成才能的内在本质"，"一个人究竟有什么才能，有多大才能，其创造和成就能达到何种高度，完全取决于他所掌握的知识力的总体状况和水平。知识力，更准确地说，知识力的总和，这便是古今中外一切才能（包括所谓'天才'）的共同本质，这便是在才能的各种神奇现象的帷幕后面蕴藏着的'永久的东西'"。[1]可见，作为主体知识量与知识力之总和的知识结构，是其思维创造性的内在决定因素。这就为新闻与传播专业人才的培养及其知识结构的生成提供了参照点。在新闻与传播实践之中，采访、写稿、编辑、评论、摄影、文化创意、选题策划、节目制作等具体的环节，看似只是主体的一种行为，实际上是一种思想的凸显，是对其知识程度的整体检验，是其知识构成的综合运用，是一种思维品质的表现。"新闻教育的第一要义是一种对历史、文化、社会及人类境况的透彻把握和深刻领悟，以及由此生发的一种自觉的社会责任感和高度的历史使命感，进而将其内化为专业方面的一言一行、一举一动。它需要通识教育与专业教育的高度整合才能共同促成。"[2]新闻与传播的影响力来源于思想的力量与深度，而思想是现代人最为宝贵和难得的财富，是长期的知识积累和社会实践的一种人生结晶，是新闻与传播人才可持续发展的动力机制之所在。

2. 由是观之，知识结构是新闻与传播人才成长和成功中十分重要的隐性系统，构建合理而有效的知识结构是现代新闻与传播教育的核心目标，是其人才培养模式的关键点。

受到技术至上和专业至上的工具化思想的影响，学生在进入大学之后急于将新闻与传播这一专业作为一种简单的技能、技巧来掌握，往往是以浮躁的态度来对待所学的知识与课程，急于求成的心理强烈，加之受到简单化的课程评价体系与机制的影响，一些管理者与教师也过分强调专业课程的重要性，而忽视乃至轻视作为文化基础课而存在的公共课程，更是强化了学生的专业工具化思想，学生

[1] 章竟.知识力：才能的内在本质[J].求是，1993（16）：32-45.
[2] 曾鸿.分众化传播时代的新闻教育[J].新闻前哨，2009（3）：22-25.

的兴趣点集中在专业课程特别是操作性强的技术技能课程，视野褊狭，知识面窄，缺乏文化基础与专业背景，或许在实践中上手会很快，但适应面不会很广，缺少长远发展的动力机制。

知识是对客观世界的反映，是人类认识自然、社会和人自身的产物，其本身是一个结构系统。作为主体的人与客观世界相互作用的中介的知识结构，是一个人知识构成的总和及各构成部分的相互联系，在人的生产生活实践中，知识结构集中表现为知识力及其合成态，是人的才能与创造本质的集中反映。当然，能力与知识结构之间是互动共进的关系，两者处在相互促进的状态。"人的知识是通过知识结构表现为能力的，反过来，人的能力可以提高其获取知识的效率和改进其知识结构。"[1]新闻与传播人才的知识结构是指其所掌握的知识的组构情形和各构件的分布状态。对于这种状态，人们有过一些生动的描述与理论的分析，依笔者的经验与体会，认同新闻与传播人才的知识结构应是"T"形结构的观点，即"专"与"博"的结合，既"专"又"博'。它简洁有力地对新闻与传播人才成长的知识构成与培育作了形象描述。"T"的一横代表横通，即博学；"T"的一竖代表纵深，即专而精。这说明新闻与传播人才的知识结构应既具有知识的广度，又具有知识的深度。具体而言，"博"是指具有宽广的知识面，拥有的知识量丰富、系统，且多层次、多侧重、多分支。新闻与传播工作涉及的领域非常广，工作对象亦十分复杂，工作的每一个环节都需要主体的创造与思想的创意，其工作特点决定了从业人员必须具备广博的知识面，要成为"通才"或"杂家"。"专"是指新闻与传播人才要做"杂家"，更要做"专家"。这里的"专"，首先是指要学有专长，专于某一门学科、某一知识领域，要有某一学科知识或背景知识作为基础与铺垫，也要专于新闻学、传播学等专业理论与实务知识。这种"专"，既是在各种学科之上的"专"，又是不论何种学科领域的新闻与传播人才都应具备的"专"，不同层次的人才都应具备的"专"。"专"是工作领域及其性质对于从业人员知识细分的要求，对于其知识层次的要求，对于其在某一领域有独到见解与独特的处理、解决问题

[1] 刘文华 论人的知识的最佳结构 [J]. 山西师范大学学报（社会科学版），1982（4）：76-79.

的方法的要求。因此说，新闻与传播人才的知识结构必须做到"博"与"专"的统一，就像多股线拧成的绳、多种金属熔炼而成的合金。"博而不精，很难成就自己的特长优势，精而不博，则显得视野狭窄，难以深入。建立'博'与'精'有机结合的知识结构，把精深的专业知识建立在广博的知识基础之上，尽可能地围绕培养目标扩大自己的知识面，才能为完善自己的知识结构奠定良好基础。"[1] "博"是根基，"专"是立于其上的大厦；"博"是河床，"专"是灵动的流水，"博"与"专"的结合形成了新闻与传播人才知识结构的宝塔状，塔基要十分牢靠，塔尖才会高耸入云。比如关于新闻记者的知识结构就有研究者提出了四个层次：技术技能；专业理论、新闻史学知识；大文化修养；哲学思维能力。后两者就是要求"博"，其中"大文化修养"包括"丰富的人事与社会科学知识，如政治、经济、法律、历史等学科，还包括至少熟悉一门自然科学知识。越是知识丰富的人，越具有一种综合——触通效应，即联想和创造力"。[2] 还有研究者进行了更具体的分析："新闻记者的知识结构一般认为由四个方面构成，一是新闻业务知识；二是科学文化百科知识；三是马克思主义基本理论知识；四是社会生活知识"，并要求在这个范围内加强调查研究知识、政治理论知识、社会学文化学知识、心理学知识、公共关系知识、法律知识和市场营销与策划知识等一系列知识的训练。[3] 从作为新闻与传播人才之典型代表的新闻记者的知识结构及其培育过程可以看出，在"博"与"专"的整体关系中，"博"是人才成长及其创造性工作的始动力，加强文化知识的积累和公共课程的学习，是新闻与传播教育的基础过程。

"人类的一切发明创造，都是在实践中不断积累、加工和运用知识的结果；所有各种专门家的才能，都是知识的结晶。凡是有才能的人，都有他的知识领域"，"才能不是知识的简单堆积"，"有才能的人，总是同时具有这样两个特点：一是善于积累知识，二是善于加工和运用知识"。[4] 知识结构就是在长期的积累与内化中形成的，

[1] 李楠，王希. 当代大学生改善知识结构的意义和方法 [J]. 吉林省社会主义学院学报，2008（3）：37–39.

[2] 宋梅. 浅论新闻记者知识结构的四个层次 [J]. 报刊之友，1997（8）：25.

[3] 纪殿禄. 论新闻记者的知识结构 [J]. 记者摇篮，2000（4）：38–39.

[4] 章竟. 知识是构成才能的基本要素 [J]. 人民教育，1980（12）：15–19.

新闻与传播实践活动对其人才质量的检验，实际上是对其知识结构的一种整体考量，是对其知识"博"与"专"及其结构状态的一种权衡。在很大程度上，知识结构反映出新闻与传播人才的综合素质和创造力的整体状态。因为"任何人的才能总是受到他的知识范围和深度的限制。知识的范围，就是才能的范围；学历的限度，就是才能的限度"。[1]从集合与优化的角度来说，知识结构就是表现为新闻与传播人才的一种"知识力"，在具体的实践活动中依据不同的创造目标而予以组合和调度，向不同的领域放射与扩张。主体的创造性就是由其知识合成的张力与拓展性转化而来，即由知识力到创造力的一种主体性转换。

3. 知识结构作为认识客观世界的真理性成果，本身有自己的存在形态和表现方式，是主体客体化和客体主体化的统一，具备合理性、进步性、适应性的特征。

合理性就是要符合新闻与传播学科的规律与特质，其知识成分与思想含量不仅要具有科学的真理性，同时要与主体本身的个性与发展要求相符，在客观真理性的基础上体现主体的独到特点。主体人在学习与接受知识的过程中，总是通过积极有效的活动来取得外在信息，以此满足自身的需要，激活内在的动力系统；只有在客观事实与主体要求相结合的基础上才能使其知识结构形成自我生成与自我发展的良性机制，并对主体的实践行为起到指导作用。从这一层面来说，知识结构的合理性就是合规律性与合目的性的统一，并指向新闻与传播学科的内在规定性。

进步性就是指新闻与传播人才的知识结构必须与时俱进，体现学科前沿知识与信息成果，反映最新的学科动态，同时是一个不断上升的过程，随着新闻与传播实践活动的展开而不断优化自身，在动态开放中自我发展、自我超越，不断地得到提升。主体的学习与实践本身是一种信息过滤，具有选择、调节和整合的功能。选择使所获信息符合主体自身的需要，并体现自己的个性特征；调节使知识结构在动态发展的机制下既形成稳定结构，又具有开放性，在稳定与灵活的统一中求得最佳发展状态；整合使主体依据自身状态在符合个体需要的信息场中扬弃过去经验，切入到新的信息之中，获取优胜机制。

[1] 章竞.知识是构成才能的基本要素 [J]. 人民教育，1980（12）：15–19.

适应性就是指新闻与传播人才的知识结构必须充分适应新闻与传播实践活动的要求，并在实践中不断吐故纳新，随着实践活动的发展而丰富自身的内容，完善自身的形态，调整其价值取向与知识构建的目标。新闻与传播活动最大的特点就是始终呈现出动态的发展要求，可以说是面对最新的、最丰富的、最复杂多样的社会现实，其工作环境、工作对象与表达方式总是处在变动之中，要求新闻传播工作者观察社会与生活时拥有最新的视点，富有创造性思维，并随着社会生活的变化发展与新的事件、问题的出现而不断改变和转换认识指向，以新的知识结构和知识力量予以应对。

合理性、进步性和适应性是从三个不同层面对新闻与传播人才知识结构的要求，在此基础上，应该做到范围广、基础厚，要实现远近结合、新旧结合、中外结合，从而达到"专"与"博"的最佳统一。有研究者对现代编辑人才的智能结构作了分析，认为构建其最佳的知识结构应该借鉴和遵循整体性原则、比例原则、层次原则、动态原则这四个原则。[1]这对新闻与传播人才知识结构的形成与培育具有重要的启发性。整体性原则要求主体的知识结构形成整体有序的内在系统，各种知识成分之间不能割裂，而是在彼此化合、经过优化后形成整体优势。从这一层面来说，新闻与传播教育的课程设置在专业课与公共基础课之间就要引导学生形成统一的知识结构。比例原则要求"专"与"博"之间有一个恰当的比例，不能只"专"不"博"或只"博"不"专"，对于每个个体或每一个不同领域的人来说，存在一个适合于自己职业需求、个性发展的黄金比例。这一比例的确定并非在短时间内形成，而是一个较长时间的积累过程；也不是绝对的精确，而是一个模糊概念，一些知识是以某一知识点为中心的外围修炼，而且与不同主体的职业意识、职业志向、职业选择等密切相连。层次原则要求新闻与传播人才的知识结构在基础知识、专业知识和前沿知识等方面呈层次分布，并最终相互融会贯通，高低相补，形成基础宽、上面尖的宝塔状知识结构，而且"专"与"博"本身就是知识结构的层次问题。动态原则即新闻与传播人才的知识结构并不是固定不变的，而是动态平衡

---

[1] 魏以成. 试论现代编辑人才的智能结构 [J]. 编辑学刊，1988（4）：29–34.

的开放性系统，随社会时代的变化而相应地发展，形成新的知识结构。在现代社会文化环境下，新闻与传播人才的知识结构应由单一型转向综合型，由被动型转向主动型，由常规型转向创新型，由稳定型转向开放型，充分应对传播现代化的多重挑战。

总之，代表知识广度的"博"与代表知识深度的"专"，都是无限的，也是互相影响的。"T"形知识结构中的这两个方面，应该达到统一，这个统一就是以"专"拓"博"，以"博"深"专"，"专"有助于"博"拓宽领域，"博"有助于"专"的深度开掘。新闻与传播人才应使两者有效结合，既"专"又"博"，一专多能，既是"杂家"又是"专家"，成为复合型的学者型人才。这样，新闻与传播人才才会拥有高的综合素质和创新能力。创新精神是其必备的思维品格，必须紧跟时代步伐，提高综合创新能力，将创新作为永恒主题，也只有这样才会不断超越自我、发展自我。

这种发展既取决于主体在长期实践中的努力，也离不开新闻与传播教育的模式，特别是其课程体系对于知识结构的形成具有重要作用。"课程是锻造人才的模具。它关系到人的知识体系的建造。而知识体系对一个人的品质、胸怀、眼界、思维方式和专业能力有着决定性作用。"[1] 因此，构建合理的知识结构必须从新闻与传播教育改革特别是其课程体系改革开始。"专"与"博"相结合的知识结构究竟由哪些因素构成，怎样才是其最佳的结构状态，限于篇幅，本文不作深入讨论，但要在此予以强调的是，我国目前的新闻与传播教育体系还存在着诸多的缺失，其"去文化化""重技能化"的教育教学观念对学生产生了负面的影响。应该真正从让学生适应社会发展和新闻与传播学科的规律出发，改革课程体系与教育教学模式，在理论与实践的结合点上、在专业课程与公共课程的关系处理上、在对学生的兴趣引导与知识传授上，真正构建有利于现代新闻与传播专业人才成长的机制与体制保障，立足改革，放眼长远，克服盲目成为技术追随者的工具化倾向，真正把握好构建合理的知识结构这个新闻与传播人才成长的关键点。

---

[1] 高钢.中国新闻教育改革的三个融合方向 [J].中国记者，2009（3）：38-40.

二、推动受教育对象可持续性进步

教育教学的重要旨归就是使教育对象实现过程性成长，在接受知识教育、思想文化熏陶的过程中成长成材，课堂传播作为核心环节，也与教育环境的各种因素相关，互相影响，互动共进，形成一个运动的系统，其中一个重要的目标，就是推动教育对象不断进步，实现自我提升与超越。笔者以后进生的转化为例予以分析。后进生虽为一个相对的概念，但总是一种客观存在的教育对象。在全面实施素质教育的今天，分析其成因，努力探索其转化路径，寻求相应的教育对策，不遗余力地做艰苦细致的转化工作，实为广大教育工作者面临的紧迫任务。

（一）后进生问题的提出

一个年级、一个班级的学生，从思想素质、道德水平、学习成绩到适应社会的能力等各方面，总会千差万别，有上下优劣之分。而后进生确实是一种客观的存在。如何对待后进生，是否有效地投入更多的时间和精力转化后进生，这是每位教师特别是班主任所面临的一个最为现实的问题，是考验教师良心、道德的一把尺子，是关系到育什么人和如何育人的大事，不能回避也不应回避。

教育学生，应有平等的态度，有客观的尺度，有因材施教的方法，有一视同仁的观念，有培育人才而不求近期功利目的的眼光；应面向每一类学生，面向每一个学生，面向学生的每一个方面。这些不仅是基本的教育理论，也是作为人类灵魂工程师的教师所应拥有的基本道义和应承担的崇高社会责任。

现实教育状况又是怎样呢？确实应该引起社会的关注。由于受应试教育片面追求升学率的影响，加上有的领导、教师在传统教育观念熏陶下所形成的失衡的育人方略和思维定式，认为教一班一般化的学生，还不如教一名出类拔萃的首屈一指的学生。其理由很简单，尖子生成绩优秀、不费力、不费时、好管理，上了北大，进了清华，校长表扬，社会关注，可谓名利双收。因此有的教师总以自己遇上一名或几名尖子生而庆幸。或许是利益驱动，或许是虚荣心使然，重尖子、轻后进生，忽视中等状况的一般生，成为一种较为普遍的现象。有的越到高年级，后进生越成包袱，任课老师叹气，班主任漠然，师生之间矛盾突出，彼此不予理解，管理工作难度加大，人为地制造了不少教育阻力。

（二）后进生的成因

正如任何事物的产生和存在都有自身的缘由一样，对相对意义而言的后进生的形成的缘由，很值得我们探究。其一，重智商、重考试片面追求升学率是应试教育形成的多年痼疾，是产生后进生最为深刻的社会历史原因。可以说，这是教育目的偏离教育本质所产生的一种恶果。在个性素质结构的综合性因素中，智力因素当然较为重要，但不直接参加认知过程而对认知过程有重要影响的兴趣、意志、自我性格控制力、心理调适力、受挫力等非智力因素，在学习过程中同样起着重要作用，不可忽视，这实际上是学生智力因素的开发和非智力因素的培养与配置的问题，过去对此一直没有引起足够的重视。心理学研究资料表明，一个人事业的成功，除智商外的其他因素所起的作用占了80%。这就不得不给人以深刻警醒。一个时期以来，考试成绩作为中学教育唯一的指挥棒，忽视学生的身心健康与品德培养。一切以成绩高低为序对学生进行排列，实际上是对学生优劣的一种本质性判定，而这种判定既无全面的量化指标，又无具体的质的定性分析，没有放在发展的过程中看待学生，而只有考试这一"圆点"。这样，恶性循环，成绩好的，可能更好，他们只能从考试成绩上找到动力，受到鼓舞；但也可能有波折，给其心灵以沉重打击，因为一旦考试失利，他便成为关注的中心，众说纷纭，造成心理压力。而成绩差的呢？一般是差而更差，即使少数通过加班加点地刻苦攻关，上了几个名次，也步履维艰；更多成绩差的则是丧失信心，不思进取，加上社会干扰，家庭消极，就会因背上沉重的精神压力而一蹶不振。社会关注考试，老师家长唯一重视分数。久而久之，造成千军万马过独木桥的被动局面，对学生成长极为不利，后进生范围也就会更加扩大。

其二，脱离学生实际的不恰当的教育方式是造成后进生的主观原因。这是教育形式、手段或方法偏离教育对象的本质属性所造成的恶果。教育方式有多种内涵，恰当科学的教育方式，为学生健康成长开辟了广阔的途径，有如花草树木只有在阳光空气水分适宜的大环境下，再由园丁采取恰当的管理方式才能茁壮成长一样，学生的成长即使大环境和谐宜人，但没有正确的符合每个学生实际的教育方式，也会变得"畸形"，难以成才。在教育方式的多种因素中有几点特别突出：第一，不是因材施教而是全面灌输。因材施教原则在中国教育史上具有源远流长的美好传统，是一条重要的教育原则，而有的教师不顾学生实际，不了解学生，不研究学生，只图采取单一的灌输方式，将目标定在应试，不管教育方式对全体学生合不合用，一味传授。时间长了，不适应的学生必定成绩差，缺乏学习动力，甚至厌学。第二，教育评价失度、失常、失理。科学的教育评价对学生最为重要。教师的评价是对学生全面的审视，是他对学生点滴看法日积月累后的一种定性判定。有上进心的学生能以此作为对照物，不断教育自己，寻找差距，发奋进步。而有的教师对评价重视不够，为求得一团和气，怕得罪于学生，怕引起学生捣蛋，总是一味地将好的评语加给学生，不做细致认真的思想教育工作，就连学生的现实表现也流于虚假，止于形式，不切实际，这对学生当然是不负责任的。有的领导对一些学习成绩好但日常行为表现不好、思想品质明显滞后的学生也给予优秀的上等评价，或怕影响升学，或怕家长学生不愿接受，片面求得教育评价与学习成绩的一致，只要学业成绩好，就可以一"俊"遮百丑，这种失度、失常、失理的教育评价，不是教育学生，而是坑害学生，对学风校风也极为不利。第三，不能摆正后进生与尖子生的位置，对后进生群体没有科学的教育态度。有的只抓住尖子生，放弃对大多数学生的培养教育，甚至厌弃歧视后进生。应该说，在享受教育及施教方式上，没有重点与非重点之分，只有能不能接受这种形式的教育及这种教育形式对学生适不适合的区别。即使在后进生中，也应将各方面落后的全面性差生与单科、单方面的后进生区别开来，将对后进生的教育与学校对犯错误学生的处罚划清界限。这样，才能真正教育好学生，转化好后进生。

其三，学生自身的学习方法失误与价值观念偏向是造成后进生的本体原因。这是教育对象自我迷失给中学教育带来的难度。形成中学生自身迷失的原因比较复杂，有家庭的、社会的，也有所受教育、所历人生经验等方面，而引导和克服往往不易。学习方法应该说是读书、接受知识的钥匙，舍此，则难以步入知识的宝库，迈向成功的殿堂。学习方法的掌握和妙用，是学生在自己较长的学习实践过程中摸索总结出来的，有一个内化和领悟的过程。有的学生由于长期不注意总结学习经验，不注重取长补短，加上受应试教育影响，读死书，死读书，学生没有方法意识，教师不重方法传授，以致动手动脑动口的能力欠缺，实际解决问题的能力低下，事倍功半，收效不大，因而自信心不足，兴趣不浓。至于当代中学生的价值观念，则更是一个值得深思的问题。尽管反复强调加强世界观、人生观、价值观教育，但有的学校不重视对学生进行思想政治教育，没有注意从小就以正确的价值标准对学生进行情操的陶冶，加上随着我国经济体制的转轨和价值观念的嬗变，一些中学生受社会上拜金主义和享乐主义的影响，只看到市场经济的负面效应，刻意追求经济效益，产生新的"读书无用论"，厌读书，成绩上不去，自身素质提不高。由于缺乏学习动力，长此而行，便会落后于同辈。这是形成后进生的一个重要原因。

（三）后进生的转化

全面贯彻党的教育方针，大力推行素质教育，坚持立德树人的根本原则，就应该思考如何正确面对和科学转化中学后进生的问题，并在教育教学实践过程中首先予以回答和解决。素质教育强调人人受教育的权利，人人有教养，人人成才，面向每一个学生，因而其大面积提高教育教学质量的关键和重点，就在于后进生的转化工作。对此，许多中小学校都将后进生转化工作列为重要的工作环节。应该说，好的学生教得更好，后进的学生也能教好的教师，才是真正优秀的教师。面对后进生，需要投入更多的精力，耗费更多的时间，采用更精巧多样的方法，对教师是真正考验。从更深更广的意义而言，优等生教得更易，后进生转化为优等生难！所以后进生转化自然应成为素质教育的重点，每位有过教育工作经历的人或许对此都有切身的感受，在后进生转化工作中，面对一个个变好的学生和转为先进的班级，内心会由衷地产生后进生转化工作大有文章可作的想法，以下几个方面最值得引起重视：

其一，提高认识，转变教育观念，全面贯彻教育方针是后进生转化的关键。

一段时期以来，总以高考录取率作为衡量教师和一所学校教育质量的标准，恰恰把问题看反了，考了多少学生，是硬件；而转化了多少后进生，是软件，根本不能像按分数录取学生那样客观地拿到桌面上来，作为实现自身价值的标尺。当然，素质教育不排斥考试，考试是一种行之有效的教育手段；也不否认高考，高考为我国造就了无数优秀人才，但可以说，转化后进生至少应该像录取率一样作为教育指标来评价教师。推行素质教育难度大，转化后进生仍未引起人们的足够重视，关键在于人们教育观念没有转变，仍以片面的升学率作为权衡教师和学校的高于一切的标准。早在 1988 年，国家教委副主任柳斌在《人民教育》发表的题为《提高劳动者的素质是基础教育的根本任务》一文中提出："要把单纯培养少数拔尖学生成才转变为提高全体学生的素质"，这就包含对后进生转化的问题。现在中央反复强调要全面推行素质教育，有的学校却仍在应试教育的圈子里转。国民整体素质的提高，有赖于我们推行素质教育。在后进生转化这个重点问题上要有新的突破，就必须站在发展经济、发展综合国力和国家民族兴衰的历史高度对此予以足够重视，真正全面贯彻党的教育方针。

其二，实事求是地建立一套符合本地本校实际的教育评价制度是后进生转化的可靠保障。素质教育需要加快升学考试和测评制度的改革，需要一套建立在科学决策基础上的教育运行机制，尤其要求有符合实际的教育评价体系。如何评定学生？根本的标准是什么？这是素质教育首先要予以回答的，也是后进生转化工作面临的最重要的问题。新的评价制度应包括学生思想品质、学习、生活及身心健康等各个方面，是能全面概括学生能力的一项综合指标，着眼于受教育者群体和社会长远发展要求，其根本目的是全面提高学生的基本素质，利于开发其潜能，促进其德智体诸方面生动活泼地发展，培养其自主学习能力与自我发展能力。坚决打破单纯以考分奖励学生和学校里按考分给学生排队的做法，要真正使每个学生受到尊重，使其充满信心，满怀希望地全面发展。

其三，深入进行教学改革是后进生转化的可行途径。现行中学教育中的大一统现象和平均施教现象较为突出。对每个受教育者实行千篇一律的平均教育，是一种最为普遍的模式。它在平均施教的基础上进行选择和淘汰，偏向英才，奖掖优等生，遗忘后进生，忽视大部分学生。这已难以适应时代发展的要求，应坚决予以改革。只有教学改革，才能在教育中增强后进生的自信力，提高其学习兴趣，为他们的发展开辟可行路径。教学改革包括课程改革、教材改革、课堂教学改革、教学方式改革，以及课外活动形式的多样化等许多方面。后进生最初大多是因为学习兴趣和积极性的丧失，学习自信心和意志力的减弱而产生学习阻力所致。这种阻力或源于课堂教学的沉闷、死板和压抑；或源于课业负担过重所产生的厌倦情绪；或源于教师垂青优等生忽视后进生的心理失衡；等等。但不管怎样，首先从教学改革上提高教学实效，激发学习兴趣，是一种后进生转化的可行路径。

其四，有的放矢，持之以恒，做艰苦细致的教育工作，是转化后进生的基础性工程。后进生转化应有计划、有目的、有针对性，对某一类后进生、某一后进生、某方面的后进生，在多长的时间里转化到什么程度，都应有一个基本的可行性计划和目标。关心后进生是全社会的事情，应营造全社会关心后进生的良好氛围，本着培养高素质的全面发展的社会建设者、劳动者的思想，将后进生转化列为学校工作的日常。这样才会像应付考试一样将后进生转化作为一项大事来抓。同时，后进生既是一个相对的概念，那么学生的发展也就是没有止境的。作为教师，应坚持不懈地将后进生转化工作向前推进。只要长期坚持，学生的整体素质定会大幅度提高。

总之，面对"后进生"这一客观存在的教育对象，应抱运动、变化和发展的教育观念，冲破传统教育思想的牢笼，在转化后进生工作中不遗余力地做艰苦细致的工作，以真正推进素质教育，实现教育目的。课堂传播面对的是人，最终是引导受教育对象成人、成长、成材，推动人的可持续性进步，这也正是课堂传播的目标。

三、不断提高课堂效率

在全面贯彻教育方针，大力推进素质教育的今天，无论从哪个方面来讲，课堂教学始终是人们关注的关键环节。高质量、高效益、引人入胜的课堂教学，不仅能使学生在和谐自由、轻松愉快的环境下接受知识，参与教学活动，而且能启迪学生思维，培养其创造能力，达到"教而不教""授之以渔"的教学效果，可谓事半功倍。笔者在此以语文课堂传播与教学为例予以分析。对于语文课堂教学，尽管改革的呼声一直很高，也进行了深入的探索、实践，但课堂教学效率不佳的问题仍然令人忧虑。究其因，固然与课程自身的性质与特点相关，但也受多种社会及教育自身因素的影响，受传统教学习惯的制约。

有人认为，从牙牙学语到高中、大学，语文一直不离课堂，天天运用语言文字，用多了，时间长了，便会自然提高，因而熟视无睹，没有引起重视；有的农村中学语文课堂教学呆板沉闷、枯燥乏味，远不能适应教育改革与社会发展的形势需要，尤其是现代化教学设备与手段的配置、使用更跟不上时代的步伐和学生学习的步伐。一支粉笔几乎就是所有的教具，没有录像带、录音带、挂图，谈不上教学片的使用。教师也无奈，只得采用"满堂灌"的传统教法，让学生沉重地听课，做笔记，"所说读写"能力的培养也是空泛无着，依然走着一条应试教育、被动应付的教学路子。甚至在有的领导、教师眼里，语文考试得高分难，不靠语文来突出总分，只求保本、拉平，根本没有从提高学生语文素质与能力的层次来认识，给教学带来了阻力，既不利于学生的发展，也阻碍了教师的积极性，是语文教学中应予克服的。

1. "固本"中最为重要的一条，就是教师要熟悉、掌握、深刻领会教材，对其中的知识点、内在结构、体系特征等都能烂熟于心。

有责任感和使命感的中学语文教师不能观望，不能"等""靠"，唯一可行的办法就是：更新观念，树立目标，以自身的行动为起点，以课堂教学改革为突破口，立足课本，在重点难点上下功夫；不断拓宽知识视野，调动知识结构，广泛吸纳与课文内容相关的知识，点面结合，向课堂教学要质量、要效益。笔者曾有多年的语文教学实践，就注重学生语文能力与文化素质的全面提高，如何提高课堂效率的问题进行了一些切合学生实际的探索与思考，具体可概括为"固本、开源、导流"六个字。如果依有的同志的观点，学生的语文能力可以自然提高，那么中学语文课本便没有存在的必要。当然，我们并不否认学生多读课外书，广泛接触课外知识能提高语文能力；也不排斥一些自学成才的作家、专家的成功之路。但应看到，学生的课外学习第一要有目标，无的放矢则难成大器；第二要有系统，散马无缰则易乱方寸；第三要有方法，机械照搬则致思维钝化；第四要有主次性，课外学习必须作为语文课堂教学的补充，内外结合，主次相融，共同构成一个知识体系；第五要有层次性，必须有一个认识顺序，由浅入深，由低到高，逐渐发展，既符合人的认识发展规律，又体现语文学科的基础性、发展性特征。因此，语文学习必须有一个体现以上原则的蓝本，作为训导学生的标杆。任其发展，听其自然，是一种违背教育教学普遍规律的论调。尽管现行语文课本尚有有待改进、完善的地方，但它作为综合了这些特征的教学材料，具有其他读物所不能取代的优势。这集中表现为它体现了教学大纲的思想，包含了从语文教学实践经验中总结"蒸发"出的具有普遍指导意义的教学目标：使学生"具有现代语文的阅读能力、写作能力和听说能力，具有阅读浅易文言文的能力，并开拓学生的视野，提高学生的智力，培养学生的社会主义道德情操、健康高尚的审美观和爱国主义精神，提高社会主义觉悟"。由此可见：第一，语文课堂教学是一种有目标的训练。第二，每册语文教材从文章内容、基础训练、单元练习、知识点等方面看，都是一个系统结构，若将中学各册教材结合起来分析，则其系统性更明显。这一系统的完成是通过示范性例证体例得以实现的。第三，语文教材不仅是一个较为严密完整具有科学性的内容系统，而且是一个方法系统，包括字词识记、语言训练、言语思路的打开、写作行为的完善、社会交际能力的培养等方面，均有体现。同时，教材只是教师教学的一种客观性凭借，其最终完成取决于教师的使用即教学行为，其间必体现教师的教学方法和思维、行为模式，因而语文课堂教学应是教材方法论体系和教师方法论实践的紧密结合及其生动体现。这是学生的课外训练所不具备的。第四，由于语文教材中文质兼美的选文以线串珠似的连成一个训练系统，用规范的语言文字写成，即是"典型"的文章，无疑是学生学习的楷模和范本。依据中学生模仿—变化—创新的言语认知规律，他们的语言学习和写作训练就应以课本的规范和要求为主，并由此在课外进行延伸和深化，而不能舍弃课本这个重点，本末倒置，或任其自然。第五，中学语文课本是由易至难，由浅至深，由简单至复杂编排的，这体现了学生的认识发展规律。如记叙文的编排及写作训练要求就是从简单到复杂，从单一性到多元化。可见，中学语文教学应以本为本，以纲为纲，应立足课本，以课本为中心、为基点、为指南。此其一，叫"固本"。

2. "固本"只是前提和基础，一部教材，一套教材，就是一座丰富的人类知识宝库，储备着用之不尽、取之不竭的文化资源，学生以什么方式从中汲取什么营养，汲取多少营养，关键取决于教师对教材的驾驭和使用，教师在 45 分钟课堂中传授知识的能力和方式，教师钻研教材之后的课堂组织和教学构思及其对作为主体的学生的思维、心理活动过程的调动等多方面因素的作用。

笔者认为，对教师而言，"开源"是其中最为重要的一点。

"开源"建立在"固本"的基础之上，是开"本"之源，即充分开拓、挖掘课本的知识资源，依据教学大纲及由此确定的教学目标与规划，全面理解把握教学内容，提炼重点、难点，发现疑点。从点走向面，由浅入深，其关键在于一个"探"字，即把握住教学内容重点与疑点，并以此为突破口，不断深入下去，探本溯源，以启示学生寻找知识的根源。当然，对于课文中的重点、难点、疑点，教师首先必须认真钻研，弄懂弄透，小到字词句，大到文意、篇章结构，无不如此。

从小的方面讲，"染"字可谓一个十分常见的字，而学生常常不经意地在"九"字中误加一"点"，关键在于学生不懂得"染"是一个会意字。"九"乃是表示漂洗过多次的意思，笔者从"染"字的字源意义上讲解分析，学生都恍然大悟，印象深刻。又如"协""博"的偏旁，学生常误写为"忄"。其实，"十"乃是意符，"十"数之极也，表示很多。不弄通这种含义，学生往往因不明意义的形似而出错。又如：人心惟危、下车伊始，唯利是图、咸与维新、语焉不详，这些成语中的"惟""伊""是""维""焉"字，很多学生不能理解。原因是这些成语大多出自古语中，它们中有的作助词，有的作语气词，没有实际含义；在句子中的作用有时是宾语前置的标志，有时是补语的标志，有时是凑足一个音节。教师不仅要讲清字词的字源、语义及其演变规律，而且要进行比较、归类，避免以形乱义，因形似而混同。

从大的方面来说，教师在文意、篇章结构、单元知识训练等方面也要联系特定的语言环境，结合学生的实际，做深入的开掘、挖潜工作。特别是对文学作品的分析，若可以从多方面、多层次、多角度理解，教师应起引路的作用；在作品主题及写作整体倾向上，把握学生的思维方向与心理倾向，注意于细微处启发学生，以疑点为切入口，达到正确、深刻理解全文的目的。高中语文课本中的《林黛玉进贾府》一文，有这样一个常为人忽视的段落："正房炕上横设一张炕桌，桌上磊着书籍茶具，靠东壁面西设着半旧的青缎靠背引枕。王夫人却坐在西边下首，亦是半旧的青缎靠背坐褥。见黛玉来了，便往东让。黛玉心中料定这是贾政之位。因见挨炕一溜三张椅子上，也搭着半旧的弹墨椅袱，黛玉便向椅上坐了。"描写贾政小正屋的陈设，却三处用了"半旧的"字样，这和贾府显赫的地位是否相称？笔者以"半旧"为突破口和思维发散点向学生提问，课堂气氛顿时活跃起来。不是从环境可以看出主人的性格，还可以暗示主题吗？笔者略作启示并经学生小组自议后，有几个学生作了回答，但观点不统一。在学生迫切需要了解答案的时刻，笔者对《红楼梦》的主要人物贾政作了简要介绍：封建、保守、顽固的思想性格在贾政的头脑中已根深蒂固；然后又结合课文前面的环境描写作了分析：贾府的大门那样壮观、雄伟、威严，显示出贾府显赫高贵的社会地位，里面的房屋布局、结构也是那样讲究，内室的陈设、器物也是华贵的……一切都显示贾府的气派。而这三个用"半旧的"短语引导的句子，则暗示出表面豪华富贵的贾府已从里面、从中心开始破旧，贾府开始烂心了，就像金玉其外、败絮其中的水果，其环境气氛给人一种沉闷、压抑甚至窒息之感。这样，学生不仅理解了"半旧"在文中的含义，而且对整篇课文的人物、环境、主题的理解也更深了。

教师"开源"于课本，激起学生探究问题、解决问题的兴趣，引"活水"于语文教学之中，这是一种重要的方法。离开了这一点，语文课堂气氛就死气沉沉，教学效果也会大打折扣，教师就会变成教参的传声筒，学生的创造性思维就会迟钝、缓慢。

3. 有"源"定成"流"，只有疏通、拓展、扩大流通渠道，丰富传播媒介，才能用源生流，以源导流，以源壮流，才会源头活水长流不息。

因此"固本""开源"之后的关键一步便是"导流"。如果将短暂的一堂课比作一个开源导流的过程，教材是水源，教师是引水人，学生则是饮水人。高明的教师引水必巧，学生饮水也必主动。在教师的启迪开导之下，学生经由思考探究之后，便会积极地参与课堂教学的创造性活动，充分发挥其主体性、能动性，在与教师的思维一体化运作中吮吸人类知识之甘泉。这样，语文课堂教学便具有了厚实的根基、开阔的视野、生生不息的活力，不仅能使学生立足课本，学好语文基础知识，而且学得生动活泼、自由轻松。这样的教学在内容上具有厚重感，在教法上具有艺术性。

"流"即与课文内容相关的语文知识，即以所"固"之本的"认知固定点"为中心辐射出来的知识系统，是已"固"知识点，已"开"知识源的延伸、深化、扩展或层递。"导"即导引、壮大、汇融各种相关知识点并加以优化和深化，真正教深、教透、教活。"导流"之需要和可能，既来自学生的知识欲求，教师的认识深化，又取决于事物间相互联系的性质。知识是一个多层次的大的系统。语文知识作为其中的一个子系统，当然又可分为许多更小的系统，且与其他各科知识密切关联，更与时代浪潮、社会发展息息相关。因此，语文教师不应仅仅将视野局限于课本，而应放眼时代，关注社会，善于将课文内容与课外知识进行多角度、全方位地综合、比较、分析，把语文教学与当前形势，与其他各学科的相关知识点进行联系；解决好课内与课外，语文与其他学科的关系问题，真正全面提高学生的语文素质与能力，开发其学习潜能，培养其独立思考能力和自我发展能力。对于语文课堂教学而言，只要抓住了课文内容中关键的知识点、重要的信息点，并以此作为突破口、开掘点，所"导"之"流"便会越来越丰富。"流"来于"源"，"流"大于"源"，学生也理所当然地会获取更多知识。"导流"之法很多，笔者在以下四方面作了一些尝试。

1."注"。即注入、灌输，是一种传统的教学方法，重在教师将知识单向地传授给学生。这是就那些必备的，只能通过学生记忆才能掌握的基础知识点而言的。对此，有的同志有一种片面认识，以为全面实施素质教育，强调师生双边活动、双向交流，便可一切听学生之便。其实不然，一些该记该背的东西仍然需要强制性记忆。"授之以渔而不授之以鱼"，"教是为了不教"是教学中的一条真理，但"渔"也罢，"不教"也罢，均以学生已经打下的坚实基础为前提，不然学生无以学活、学深。根据认知基本原理，在外界信息输入和主体对信息接受过程中，必须以主体已有的既定经验为前提，然后不断扩散，进入主体记忆系统。这种"经验"，当然包括多种内容，但不可否认，学生必备的一些基础知识是不可缺少的，这便是"注"的内容。

2."引"。即引导、引申、引入之意。教师在课堂上要善于开源引流，以源导流，将新信息、新材料、新教学方法和传授方式不断引入课堂，活跃教学氛围，充实教学内容，激发学生的热情和积极性，培育其创造性思维，从而提高课堂教学效率。随着形势的发展，社会科学领域的新理论、新观点不断产生，学生思维也相当活跃，接受新东西的能力特强，他们不只局限于课本上的现成知识，而且猎奇涉新心强。教师如能把握语文具有时代性、现实性的特点，给课堂吹入清新的空气，注入一股"活水"，学生的学习兴致就会骤然提高。教授鲁迅的名著《阿Q正传》，对阿Q的"精神胜利法"就可作出一种现实性的分析。许多人碰到生活中的挫折、失败，遭到生活上命运的严重打击甚至于灭顶之灾，这种"精神胜利法"就可以叫人忘却生活的痛苦，重新燃起生命之火，渡过人生的难关；又如"对牛弹琴""得胜回朝""不求甚解"等一类成语的新的解释，也可启发思维、培养创新意识。

3."比"。要思考分析，就要进行比较，有比较才有鉴别，有鉴别才能发展、进步。语文教学要抓住课堂教学，并不排除联系课外，联系现实生活，联系其他学科领域，如：教科技说明文就要参考其他学科。"比"总的说就是要触类旁通，举一反三。如教授《过秦论》就要把它与《六国论》《阿房宫赋》对比起来学，比较它们的相同和不同；教描写母亲的小说，就要比较高尔基笔下的"母亲"，鲁迅《药》中的华大妈，叶圣陶《夜》中的老母亲；教世界短篇小说精品，便可比较莫泊桑笔下的《项链》，欧·亨利的《警察与赞美诗》。1997年语文高考题中对同是写洞庭景色的《望洞庭》《题君山》的分析，所采用的也是一种典型的比较鉴别法。

"比"的关键是能从思维方式上给学生以深刻启迪，能使学生在看似相同的作品与材料中通过一种整体性的思维运动，着眼于同中之异，根据不同语境的变化而不断激活自己的思维程序和方法，变静态思维为动态思维；使学生尽可能多方面观察相似的语文材料，努力寻找其多重因果关系及多侧面的联系，完整准确而又多侧面地认识和理解语文材料，同中求异，准确揭示其本质和意义，变单向思维为多向思维；使学生摆脱自己惯常的认识事物、思考问题的方式，通过教师注入与课本相关的新的知识激活点，在比中求异，在思索中求异，在课内课外结合中求异，变趋同思维为求异思维。这样，教师能超常规地教，学生能超常规地学，教得深入灵活，学得浅出自由，堪称一种新的教学境界。

4. "渗"。即渗润、渗入、重染的意思。如果说"注""引"重在对知识的外在传授，"比"重在对知识内在联系的开掘——它们都是对"本"与"源"在传播渠道上的梳理与强化，好比开渠引水，水流畅达，已至灌溉之地。那么，"渗"则在于对灌溉对象的一种细微把握，好似春雨"随风潜入夜，润物细无声"，以此浸入渴求知识者的心田，充实精神、润化情感、提升境界、激活创造力。"渗"较之前者，对教师提出了更高的要求。首先，必须对每个学生语文学习的各方面能力有比较全面的了解，因材施教；其次，在对课本相当熟悉的情况下，能将相关的能拓宽学生视野的知识巧妙地引进课堂，做到教有所依，学有所获；再次，教师应长期探索，逐步深化，掌握一套行之有效的"渗透式"教学方法，便于学生接受；最后，"渗"的目的在于提升学生的心灵境界，优化课堂教学，尽最大可能提高课堂教学效率。"渗"的目标是多方面的，不仅要提高学生包括理解语言、运用文字等内在的语文学习能力，而且要培养感知美、鉴赏美的能力，提高其热爱真善美、鞭挞假恶丑的思想境界，发挥思想教育功能。如高中课文《游褒禅山记》，先分说后归纳，先具体后抽象，夹叙夹议，哲理深刻，语言精妙，辟山水游记笔法之新径。学生在感知语言美、结构美的同时，更重要的是能得到有益的启示，进行深入的思索：只有"志、力、物"三者皆备的人才能领略"非常之观"的胜景。也就是说，事业的成功等于坚强的意志加多方面的能力再加必要的物质条件。这对学生的学习乃至往后的工作都能起到莫大的鼓舞作用，另外，王安石面对仆碑，还悟出了处世之道：凡事要有"深思慎取"的态度，不可随声附和、人云亦云。王安石的"道"及"悟道"的过程将对学生的学习和做人产生深远的影响。这样，既培养了学生的意志，又塑造了他们的品格，同时也提高了他们的思想境界。

总之，"固本"是基础，"开源"是关键，"导流"是目的。但全面提高中学语文课堂教学效率是一个大题目，涉及许多方面，笔者尽管结合自己的教学实践作了有益的探索，但有待进一步深入、完善，因而本文所述也未免挂一漏万。但要指出的是，在全面推进素质教育的今天，课堂传播理应发挥自身特有的功能，更要开发学生的潜能，培养他们自主学习、自我发展的能力。

四、培养学生的创造力

课堂传播作为一个运动和联系的系统，其重要目标就是要促进人的全面发展与健康成长，其核心与关键就是培育学生的创造力。这是一项综合的系统工程，应特别强调教育对象创造力的"内化"过程。

在全面贯彻党的教育方针，大力推进教育教学改革的形势下，中小学素质教育的实践和推广已经使我国基础教育呈现出新的生机与活力，其办学效益明显，社会影响深远。那么，面对新的教育改革浪潮的冲击，高等教育在不断深化体制改革的同时，其人才培养目标究竟面临着哪些新的挑战和任务呢？作为中小学教育的延伸或提升的高等教育，其素质教育的层次更深、水准更高，人才培养方向应既与中小学素质教育的目标保持一致和连续，又要实现从基础教育向高等教育的转变，体现自身的高层次特征。这是我们把握高校素质教育的一个认识基础，"高等学校素质教育是在中小学素质教育的基础上进行的高层次的素质教育。它是中小学素质教育在高校这个特定条件下的继续与发展"，"它不是一般地追求学生素质的全面、均衡发展，而是在全面发展的原则指导下，按照专业要求和未来职业需要有重点地发展某些素质，以实现各种素质的合理配置和素质结构的动态优化"。[1] 笔者以为，要做到这一点，最为关键的就是在普遍实行综合素质教育、追求全面发展的同时，从各个环节和层面努力培养学生的创新精神与创造能力。

（一）培育创造力是高校素质教育的核心

但是，在高校究竟怎样实行素质教育特别是其素质教育的核心与关键是什么

---

[1] 王向华. 高等学校与中小学素质教育衔接问题探析 [J]. 中国成人教育，2009（1）：10-12.

的问题上，人们尚存不一看法。集中起来，主要有这样几种：一是认为思想政治教育是高校素质教育的核心，它"是各方面的灵魂，它使各方面教育相互渗透、协调发展，促进学生的全面发展和健康成长"。[1] 在人的素质这一综合性范畴中，"居核心地位的是政治思想和道德素质，它们在很大程度上决定人的整体素质的高低"，必须对学生进行有理想、有道德的教育。[2] 二是认为文化素质教育与思想政治教育的有机结合是高校素质教育的核心推动力，应把握好各种因素和环节以实现两者的结合，并统一于实现大学生素质的全面协调发展的实践中。[3] 三是有人零散地提出创造力与创造型人才的培养是高校素质教育的核心，应该把蕴藏在受教育者身上的聪明才智和创造潜能充分开发出来，或将德育与创新并提，认为核心是德育，精髓是创新。[4][5] 综合起来分析，不管从哪个角度看，贯穿其中的一条主线就是要促进人的全面发展与健康成长，使之适应社会与未来，而怎样实施素质教育是人才培养的重要途径。

素质教育作为一种务实的、全面发展的、面向学生生命主体与未来的教育形式，其本身具有普遍适应性，且与人的终身追求和社会教育目标一致，关键在于如何定位、规划和操作。素质教育在不同的教育阶段与人才成长时期，面对不同的教育任务和培养目标，其功能重点和核心成长点是有区别的，具体而言就是具有不同的针对性和目的性。如果说中小学素质教育侧重于每位学生各个方面基本素质的全面提高，是一种"普及"性的全能培养性教育，对人的知识习得、品德养育、心理引导、情感指向、习惯形成、人格构建等基础性发展起着重要作用，那么，高校素质教育则是在综合素质教育基础上的"提高"，是一种在德智体美劳全面发展的前提下，注重能力培养而又向高精深方向发展的教育。这种发展当然包括受教育者的各个方面，是一种系统的、综合的教育，思想政治教育、道德教育等依

[1] 卢连波，张春龙，刘彦华.高校思想政治教育是素质教育的核心 [J].思想政治教育研究，2001（2）：28–29.

[2] 王广琼.道德教育：素质教育的核心 [N].安徽日报，2001–06–28（B03）.

[3] 黄蓉生，白显良.高校素质教育的核心推动力：文化素质教育与思想政治教育的有机结合 [J].思想·理论·教育，2006（Z2）：4–7.

[4] 秦广玉，刘振山.高校素质教育的核心是培养创造型人才 [J].金融教学与研究，2000（3）：58.

[5] 仇方迎，于卓.核心是德育 精髓是创新 [N].科技日报，2002–07–17.

然不能也不应放松。但高校培养的是高层次的专门人才，其政治思想素质、文化素质、道德素质等在基础教育阶段已经奠定了坚实的基础，有了基本成型的取向和主导性的走势，进入大学校园，接受系统的政治思想课程的学习，受到大学文化的熏陶，伴随着自身心理与精神的成长，会形成良好的生长机制。而思维品质、创新精神处在发育、生长与形成的关键时期，高校素质教育的关键点应落实在对教育对象内在潜质的激活和创造性的培养之上，即以培养创造力为核心。既然是作为一个系统，既然是人的全面发展的一部分，强调这个重点就是突出不同专业与学科人才培养的不同点与共同点，就可以肯定在本质上与重视政治思想教育、道德教育是一致的，因为创造力的激发与创新型人才的成长总是与其品行修养内在协同的。高等教育高素质创造性人才的培养，应该在做到"高层次素质教育和高水平创造教育的统一"的前提下，突出和强化创造力的养育，紧紧把住创造力这个核心点。[1]

"所谓创造力就是人的一种综合地判断、发现和发明前所未有过的新事物的能力。"[2] 高等教育教学注重培养学生的创造力，一方面指面向全体学生，培养创造精神，树立创造意识，养成创造习惯，使之具有适应社会发展变化的生存、生活与应变能力；能将所学知识转化为自己的内能与智慧，在社会生产生活实践中凭自身创造而开拓生存、发展之途。另一方面，也是更为重要的一方面，是从各自的实际出发，在目标模式、制度模式和过程模式等方面凸显自己的特色与优势，以培养各行各业的专门人才为目标，突出创新精神的养育和创造力的全面开发，在社会生产与生活实践中自如而又勇敢地运用创造思维，打破陈规陋习和旧有模式，提出具有自身价值和社会意义的新思想、新理论、新方法或发明新技术、创造新成果。前者是指对人才创造能力的培养，后者指创造性人才的培养；前者指更好地适应社会，后者指能更多地创造社会财富；前者是一般要求，后者则是更高的培养目标。

可以说，人类的历史是一部不断创造并以创造不断求得自身进步与社会发展的历史，也是无数英勇无畏、可歌可泣的创造者不断战胜荒唐愚昧的保守者的历史。

[1] 刘红军.论高等教育高素质创造性人才培养模式与机制[J].河南社会科学，2002（3）：83-84.
[2] 杨名声，刘奎林.创新与思维[M].北京：教育科学出版社，1999：5.

创造力作为人的本质力量的原点，对人类社会发展具有不可低估的作用。江泽民同志指出："培养同现代化要求相适应的数以亿计高素质的劳动者和数以千万计的专门人才，发挥我国巨大人力资源的优势，关系到二十一世纪社会主义事业的全局。要切实把教育摆在优先发展的战略地位。"并说："创新是一个民族的灵魂，是国家兴旺发达的不竭的动力"，"一个没有创新能力的民族，难以屹立于世界先进民族之林"。可见，高等教育肩负着培养一代人的重任，担当着民族兴衰成败的崇高使命。历史发展到今天，竞争已成为时代特征。世界各国的竞争，其实不仅是综合国力的竞争，核心是人才的竞争。而说到底，是人才素质和创造能力的竞争。没有创造力，便无以有竞争力。没有人才的创造性和创造型人才，便不存在竞争的优势。"科教兴国""科学技术是第一生产力""今天的教育，明天的科技，后天的经济"，都清楚地告诉我们，国家兴旺、民族进步、社会发展，基础在教育，关键在人才。"只有全面提高国民的创新意识和创新能力等整体素质，才会不断涌现出新知识、新技术、新思维和新产品，才能获得民族的不断进步和社会的持续发展。具有创新能力的大学生是时代发展要求的创新型科技后备人才。"[1]作为培养高层次人才的高等教育，理应把对学生创造力的培养和对创造人才的塑造摆在综合素质教育的核心地位。只有这样，才能适应未来科技和经济竞争，才能回应时代的强劲召唤。

（二）创造力的培育是一个长期的"内化"过程

高等教育的综合素质教育应是基础教育中素质教育的自然提升，不仅有量的集聚，而且更有质的不同要求。在从中学迈向大学的过程中，我们可以做更深入的调查研究，分析具体的实际情况，针对不同层次的学生个体，制定切实可行的综合素质教育方案。在思想道德素质、文化素质、业务素质、身体和心理素质一体化的综合素质结构系统中，思想道德素质是立足点，文化素质是内力，而作为"一种最高级的能力"和"独特的解决问题的能力"的创造能力的培养，则是贯穿其教育过程始终的一条主线，是专门型人才成长的关键点，是人才在社会发展中所

---

[1] 王郡玲. 谈新时期大学生创新素质和能力的培养 [J]. 中国成人教育，2007（10）：53-54.

处位置的重要衡量标准。[1] 虽在中小学阶段就已萌发并得到一定的发展，但随着心理和生理的成熟，大学阶段无疑是其得以激发和发展的最为重要的时期，应始终予以贯彻和关注。因此说，创造力的培育和创造型人才的塑造是大学综合素质教育的集中体现。创造人才必须具有较深的专业文化理论修养和较丰富的实践经验，有勇于创新的精神和大胆的变革思想，"既是一个标新立异者，又是一个实事求是者，更是一个明辨是非者"，这在文化素质和业务素质中能得到现实的反映。[2]

　　创造力的培育和创造型人才的培养，是一项综合的系统工程，应特别强调教育对象创造力的"内化"过程。知识、素质与创造力是一个相互联结和作用的整体。教育对象获取知识本身就是一个培养素质和提高能力的渐进式发展过程。但是，单纯的知识及其获取还是属于表层的东西，是一个人自身建设和自我发展的基础工程，是素质和能力的依附或凭借，即个体与人类得以发展的基本要求与平台。而素质的优化则要求把所获知识、技能，通过自身社会实践和思维活动消化、转化为一种较为稳定的，凝聚于心理、情感、精神等层面的人生结构形态。这是一个"内化"的过程，是知识及个体经验等因素的集合体，以知识固化为个体精神、品格、气质与才能，以知识凝聚为人性中相对稳定的品质与素质。可以说，知识的获取和消化是提高素质的基础，而高的素质又有助于知识更好地发挥作用和效能，以更优化的形式促进个体的全面发展。创造力则无疑属于更高层次的范畴，它是个体在掌握了较为丰富的知识并形成了比较稳定牢固的素质之后，经受一定的培训和实践活动的锻炼、考验而在社会探索与实际工作中对知识的一种重新组接，是一种开拓性、超常性的运用。有研究者对创造力的动态结构进行研究后认为其结构成分包括"发现问题的能力""明确问题的能力""阐述问题的能力""组织问题的能力""输出解决问题方案的能力"，最终表现为一种思维品质和社会实践活动及其成果中的智力含量。[3] 它需要知识储备，但不全是个体基本素质使然，也非所学知识的再现或重复，其成果形式不同于前人，体现出真理性、价值性和

[1] 赵光武. 思维科学研究 [M]. 北京：中国人民大学出版社，1999：355-356.

[2] 陶国富. 创造心理学 [M]. 上海：立信会计出版社，2002：62.

[3] 俞国良. 创造力心理学 [M]. 杭州：浙江人民出版社，1996：21-24.

新颖独创性，就必须具有思维的批判性。这种思维力、理性力的创造性升华，要经过教育对象自身一系列的作用过程，要历经一定的积累和磨砺。而从整体来说，由属外层的知识、经验内化为居于里层的素质，再由知识、素质升华为属于人自身本质力量内核的创造力，对于学生的成长而言，总是伴随着其人格的全面提升。正是在这种艰苦而独到的创造力提升中，无论是观察力、记忆力、推断力、辨识力、联想力，还是顿悟力、描述力、概括力和洞察预见力，都由低向高，由一元向多元，由简单向复杂地逐步发展。当然，其间既有一定的社会因素、教育环境、物质设施条件等客观方面的影响，也有主体智慧因素、智能结构、心理能力、精神运动等主体条件的作用。应该说，教育环境的创设、教师主导作用的发挥、适当的教学内容和方法、潜能与思维的激活等，都是影响大学生创造力培育的重要因素。

（三）全面营造育人环境

全面营造育人环境也就是努力营造在全面培养学生综合素质基础上有利于其创造力充分发展的育人环境。在当前，特别要改革旧有教育教学模式，革新课程体系和教学内容，探索适应新形势发展而又符合学生实际的教学方法，不断优化教育结构，广开选修课、活动课，加强文理工渗透，发展应用科学，理论联系实际，坚持理论与实践的密切结合，丰富校园文化，引导学生通过科学实验、社团活动、社会实践、社会调查、下乡理论宣传、创作与科研常识及小发明小制作等多种途径发展自己的能力，既培养全面素质，又激发创造潜能，培养创造能力。这样，大学生走向社会之后，不仅能广泛适应社会发展，而且能充分显示自身优势，为社会创造更多财富，真正成为具有创新能力的高素质的复合型人才。

第三章

课堂传播中的知识信息及其渠道特质

经过教师的主体性转化而进入课堂传播中的知识信息具有科学性、严密性、可传播性和可接受性的特质；而作为课堂知识信息传播与流动基本依托的渠道，必须具有适应性、便于传播、多元优化、抗干扰、独特性、伸展性和对接等特征。

课堂教育教学过程是一种典型的传播活动，从人类传播的特征和规律的层面来把握课堂传播的本质，具有特别重要的意义，一则可以延展和深化传播学的理论视域，突显传播学的应用功能，从生活与人类活动的实践中见出传播学的应用性与指导性；二则可以别开生面地领略到课堂活动的另外一种景致，从信息的流动与消化及其功能的转化来把握作为生命主体的师生双方的主体性生成过程，从而真正揭示课堂活动的动态而具体的规律，打开课堂教育教学研究的另外一个通道。笔者拟结合课堂传播实践，对课堂传播中知识信息及其渠道的特质作一探析。

一、课堂知识信息的特质

课堂传播以知识信息为直接依托，课堂传播中流动的知识信息经过了教师的主体性改造，形成具有传播价值的信息贮存系统。"教师在对信息进行符号化和结构化时，即将过滤态的信息转化为实用的前传播态的过程中要考虑：信息适合于哪种编码方式；教师本人具有哪些编码水平；可供教师选择的教学媒介；学生接受信息的思维定式。"[1]因此说，从教材文本信息到课堂传播中的信息经过了教师的信息转化，是一个具有价值取舍的复杂过程。这一转化过程一直延续到课堂传播之中，即使是信息在课堂中表达之前和之中，教师也可能对之作出适当的调整，使之更适合于课堂传播的现场情景。无疑，流动的课堂知识信息作为经过转换之后的符号化存在具有自身的特质，必须具有科学性、严密性、可传播性和可接受性。

---

[1] 张九洲. 课堂教学的传播要素探析 [J]. 哈尔滨学院学报，2003（12）：100–102.

（一）科学性

"科学性"就是课堂传播必须体现教育教学本身的规律，必须反映自然、社会、人生的规律，合乎生活实际，体现真理原则，具体而言包括这样几个方面：一是课堂传播内容准确。这是就知识信息本身而言的。保障知识信息准确是课堂传播的前提，否则，就会误人子弟，贻害无穷。教师对知识信息的传播是有所"本"有所"依"的，这个"本"和"依"就是教材。教材对知识信息进行了严格的把关，其关键就在于教师的转化，特别是教师在课堂上实际传达出来的知识信息，必须准确无误。有时教师在课堂上有一定的发挥，较为自由，但不能随意，教师对知识信息有自己的理解，也可以适当结合自己的人生体验进行阐释，但必须遵循科学性、真理性原则。无论是理解的偏差与误读，还是对知识信息加工转化的"变形"，都会远离科学性，丧失知识的本质特征。二是课堂传播的知识信息选择正确。就是教师对知识信息的选择和加工要符合客观事实，不能扭曲变味，不能脱离教材和大纲，不能改变教学计划的要求。从载体化的教材所形成的固化知识形态到经过了加工处理的教师头脑中的"知识框图"，这个过程体现了教师的价值原则，体现了教师的主体性，体现了教师的信息处理能力，必然包含着教师自身的知识价值观，也取决于教师的知识高度和文化素养，取决于教师判断、把握和分析能力，而且其间随着自身经验的积累，教师的职业素养和知识能力也会不断提高，但不管怎样，教师对知识信息的选择和转化必须遵循客观性原则，体现知识信息本身的真理化要求。三是课堂传播过程科学。知识信息是通过课堂传播过程得以播散而实现其价值的，课堂传播过程涉及诸多的因素和条件，但从根本而言取决于教师的驾驭能力和调控能力，确保在这一过程传播有用的、科学的知识信息，特别是不能任意掺杂冗余的信息，或者为单纯引起学生的兴趣而添加一些与本来的教学内容无关的信息，比如笑话、幽默、社会新闻、时事趣谈、娱乐竞赛话题等。教师应该把握哪些是课堂传播禁止的、不科学的内容，包括导向性、思想性和知识信息含量等。

（二）严密性

"严密性"就是教师对知识信息及相关材料、因素的组织必须是具有逻辑结构的，是一个自洽自足的生成系统，具体而言，包括这样几个方面：其一，知识信息的组织和构成具有自身的逻辑，或从浅到深，或从具体到抽象，或点面结合，或先易后难，或先有案例后有结论，并且对课堂的互动等有具体的安排，何时设问、何时讨论、何时练习、何时是课堂的高潮等，都有自身的内在规定性，即课堂设计要具有顺理成章的逻辑性。当然，在具体的课堂传播过程中，一些临时性情况、突发性问题，比如学生提问、所传播的知识比预想的要有难度、学生对知识信息的接受不适应等，都需要教师于课堂传播现场予以恰当及时的处理，但不能破坏已定的基本的逻辑性。其二，知识信息的内容"把关"和传播时长的控制等也具有课堂的规定性，要符合课堂的实际情况和教育教学规律，既包括课堂的现实空间，也包括课堂的虚拟空间，还有教学的设施与技术条件等，必须确保在限定的时间范围内完成其教学内容，即课堂的程序设计和环节安排必须周全严谨，必须充分考虑课堂传播的内容布局及其特质。其三，能从整体上形成前后密切相关的传播链条，以线串珠式地组构一门课程的知识信息系统。从教学过程的动态环节来看，课堂传播是一种由点而面、以线串珠的信息构建过程，每一门课程的教学都必须分成一个个的教学单元，是由一节一节的课所组成的。其中，每一节课本身就是一个整体，有起承转合，由若干教学环节构成，而循序渐进的每一节课又构成了一定的教学段，每一个教学段组构完成一门课程的教学过程，是一个既分且合、始分终合的整体。"分"则每一节课是一个相对独立的单元，"合"则由一节节的课构成某一门课的整体，"分""合"之中既对立，又统一，从而形成一体化的、具有严密结构功能的知识信息系统。因此，教师作为传播者，其每一节课的处理必须具有整体性和严密性，必须站在全局和整体过程的高度来处理各种课堂传播因素，有系统思维和过程论的视野，环环相扣，节节相联，在密切关联的传播链条中构建学生的知识系统。如果从教育管理者的层面来看，无论是对整个课程的设计，还是对每一门课的布局与安排，都必须具有整体性。正因为这种安排，才决定了学生的知识拥有量，并最终形成其知识结构。其四，对教材、大纲与教学计划的把握必须协同统一，不能偏废。教师对课堂知识信息的转换和加工的依据就是教材、教学大纲和教学计划，这是既定的前提，前面已有论述。在不同的时空条件下，不同的教师从事同一门课程的教学，为什么"万变不离其宗"呢？

就是因为必须受到这个"既定前提"的框限。这实际上是已有一种定型的知识信息图景，其本身是一个严密的信息组织系统，教师在对知识信息进行处理时必须以此为本，虽然在不同的知识层次与教育教学阶段有不同的"信息图景"，但从普适性的层面来看，教师以此作为一种原初的信息依据，是共同的规则。在这个规则之下，不同的教师对同一门课程的信息传播方式是灵活的、多样的，具有自身的逻辑与规律。这种逻辑与规律与"既定前提"形成了严密的对应关系，是一个彼此作用、共同推动的自组织系统。既为自组织系统，就有其固有的动态平衡规律。其五，学生对知识信息的接受具有自身的认知特点与认知规律。由易而难，由低到高，从简到复杂，从感性到理性，从具象到抽象，都是其对知识信息接受和消化的基本特点。这一认知的基本规律，对课堂传播中知识信息的严密性及其处理提出了要求，教师对课堂传播因素的布局和知识信息的处理必须遵循这一基本规律，以此来设计课堂、选择信息、传播内容，一旦超越于学生认知规律之上，就会使得传、受之间出现距离感和陌生感。

（三）可传播性

可传播性就是教师对知识信息的加工必须尽力使之具有传播价值，从内容选取到形式布局，从信息因素的组合到知识含量的注入，从话语表达到环节设计，从局部美化到整体优化等，都应该从知识信息易于传播、适于传播的教学原则出发，并且符合作为传播者的教师自身的个性特点与教学风格要求，既具有普遍意义的价值旨归，又具有个性化的课堂传播特点，切合教师自身的课堂传播个性，能充分地形成课堂信息覆盖面。具体而言，可从这样几方面来认识：其一，将知识信息从书面语言存在形态转化为课堂语言表达形态。教材中的内容是书面化的信息资源，是作者和教材编写者创造性劳动的产物，是在一定的编辑出版原则指导下形成的智力产品，除了具有图书自身语言的一般表达特征，往往较为理性、抽象和集中外，还由于受到规范性和逻辑性要求的限定，具有教材语言的特点，主要是便于学生阅读，并在阅读中理解。而课堂传播是以教师口头话语的方式表达的，要有平白通俗、浅显易懂、自然流畅的特征，必须化繁为简，化难为易，化艰深为简明，化抽象为具体，化理论为应用。这样，就要求教师在对知识信息进行加工和转化时，将教材的书面语言变为自己的口头表达语言，使之易于在课堂传播中取得最优的效果。课堂传播中教师能用自己的话语来组织教学、讲解内容，将教材凝固化的知识信息变为自己的理解后转化为课堂传播话语，其实正是教师对知识信息进行了消化的结果，但囫囵吞枣的现象有时不只是学生在接受知识信息时存在，教师在教学中特别是在对知识信息的准备中也是有的。如果在课堂上照着教材讲，那是一种照本宣科式的教学，肯定不会有好的效果，因为学生自己可以阅读教材，特别是在大学的课堂传播中，这点尤为突出。尤应注意，所谓"脱稿讲课"实际上就是对课堂传播知识信息及其话语表达的一种高要求。因此，教师对教材内容的消化程度，就会最明显地从课堂传播语言中体现出来。其二，将知识信息从书面语言存在形态转化为教师个性化的语言。教材的书面语是面向某一门课程所有教师的，具有一般性的特征，而每个教师有自己的课堂传播风格，这正是教学个性的体现。这种风格和个性往往在教学语言方面表现最为明显。那么，教师对知识信息的加工和转换就必须在将其变为自己脑海中的内容之后，化入自己的语言系统，形成自己的语言符号，纳入自己的个性语言系统，使之符合自己课堂传播的话语风格与习惯而予以表达。这样，教学内容成为自身知识结构乃至生命存在的一部分，融入了自己的血脉系统和思维通道，课堂传播的话语表达实际上是生命表征的一部分，是一种生命的运动，是出神入化的精神交往，自然会收到水到渠成、瓜熟蒂落的效果。其三，将知识信息从书面语言存在形态转化为课堂情景化的语言。教材以固定的形式和载体表达知识信息的内容，而不同的教师在具体的现实课堂传播中都有一定的场景安排，包括教师的情绪、学生的态度、物质环境的构设、传播媒介的选取，甚至外在自然气候等因素的变化等，教师在课堂语言的使用上都应该使之切合由以上各种因素综合而成的场景，并使之具有实际应用性、引导点拨性和情景适切性，从而使师生在其所共有的传播场中更为自然地融化为一个信息共同体，以情景和场面等具象因素而生成新的信息。从这个角度来看，课堂传播语言实际上是一种场景化的语言和具象化的语言，有现实的依托和载体。正因为是这种场景化的传播语言，课堂才会更开放、更自由，语言的使用也会更为灵动，更具有现实的传播活力。其四，将知识信息的原理性存在转化为具象的、案例化的话语。越是面向教育程度高的传播对象，其教材内容越是具有抽象性和原理化的特征，虽然有的专门配有案例分析和其他辅助性读物，而往往给人以两张皮的感觉，其间必须经过教师的吸纳与消化，将原理性的抽象语言转化为具体的案例话语，即从一般走向具体，从抽象变为具象，将原理的普适性渗于案例的应用性之中，让理论话语回到现实实践之中，在原理与实践、课本与现实的结合中激活课堂话语，彼此印证，相得益彰，从而使得接受者更容易理解，在生动有趣的课堂话语传播中掌握原理。种种这些，就是一个目的，即便于知识信息内容在课堂顺利传播并产生良好的实际效果。而可传播性是与可接受性密切联系的，只有具有了可传播性，对学生而言，才谈得上知识信息的可接受性，因此教师对知识信息可传播性的处理在很大程度上决定着课堂传播的效果。

（四）可接受性

可接受性就是课堂知识信息要适合学生的需要，其话语符号体系及其转换的过程符合师生双方的特点，便于学生顺利解读与接受，具体可从这样几个方面予以分析：其一，课堂传播话语的表意具有单指性向度，不能多向而有歧义。只有话语的意义指向单一，才能避免接受者发生歧义和引起误读。教师在对知识信息进行转化时，可能对内容的理解和阐释存在多向度的意义挖掘，这是一种正常的思维现象，但一旦形成课堂传播的信息框架，就只能在课堂中使用意义明确的话语，不能模糊或失真。当然，对于已存在不同理解与有不同结论的问题，教师可以明确给出不同的观点，引导学生去思考问题、解决问题，得出自己的正确结论，但其话语传播本身必须表义明确。其二，课堂话语传播的符号表征要具有易解性。这主要是指语言文字符号而言的。教师的语言符号都是具有内容孕积的意义系统，学生对语言符号的接受（不管是口头语言还是板书或多媒体教学语言）有一个理解的过程，实际上是对符号进行信息解码。这个"解码"跟随着教师的信息传播过程，必须在较短的时间里完成，一方面要求学生反应敏捷，思维灵活，具有一定的知识基础；另一方面则要求符号本身具有易解性，适合于学生的理解力与知识水平，若繁复或晦涩、高深，脱离学生的实际需要与相应的理解能力，则会曲高和寡，无法理喻，传受双方之间有一条阻隔的信息鸿沟，无法顺利求通，也就实现不了传播目的。尽管学生对语符的解码取决于其临场应变能力、反应能力、理解能力、分析解决问题的思维能力与敏锐程度，以及语言组织、表达的能力和知识面，是学生内在涵养与综合能力的一种现场表现，但如果语符本身超过学生的接受能力，则必然无法完成解码过程。学生对课堂传播语符的解码，至少有这样几个关键点：A. 逻辑关系。就是要厘清教师语言表达及其所涉问题的逻辑关系，把握其语义、语境的联系，经过快速的思考后，迅速作出反应，组织自己的语言材料并进行过滤，明白要领与脉络。B. 核心点。就是要在全面把握整个课堂语言传播特点的基础上抓住要点，思考应该理解和掌握的核心在哪里，一般而言要在很短的时间里抓住能够代表语符中心意旨的关键词，然后围绕关键词展开思考。C. 思维加工。就是在前两者的基础上，调动自己的思维活动系统，以教师所传播的信息及其所设定的问题为起点，对相关的记忆材料进行处理，从中过滤出自己需要的信息。D. 知识转化。就是将自己的理解及其思维活动过程用恰切的话语方式存贮起来，并加入已有的知识框架之中，从而逐步转化为属于自己的知识素养。其间，学生的消化与加工能力是有差异的，基础好、理解力强的学生必然对课堂传播的知识信息有快速反应，具有这样的特点：对问题的把握准确，能集中注意力予以领悟，抓住要害，准确掌握知识信息的关键点；对相关知识的回忆精准，能充分调动自己的知识结构和思维系统，围绕知识信息的要点，勾起对相关知识与经验的回忆，不管怎样地思绪纷纭，也能从记忆库和记忆材料中截取有用的信息与课堂知识信息化合成一体；对思维的整理快速，能围绕知识信息的中心点迅速整理材料，对材料进行过滤，择其精者而"为我所用"；如是需要回答问题，则语言组织快，表达流畅，能大胆发表自己的见解。当然，教师的课堂知识信息符号越有易解性，学生的解码就越快，其知识转化的量就越大、质就越高。其三，课堂传播的话语释义空间相对固定，尽力避免作为信息接受者的学生对符号所携带和包孕的意义作任意发挥或可能产生的歪曲、误读。师生双方在传、受信息的过程中，只有具有共通的意义空间作为交流的平台，才能使所传信息的意义生成其固定旨归，学生才有理解信息的可能。而这个共通的意义空间具有阔大的想象余地，是思维驰骋的"运动场"。对学生而言，在与教师短时的动态的信息接触中，不仅能快速接受其知识信息，而且当契合其需要时会"思接千载""视通万里"，将知识予以吸纳和消化，转变成"为我所有"的一种信息贮备，其间必须结合其感悟、认知和经验才能进行。因此，在这种思维运动中，教师对知识信息的传播应该避免"烧野火"，并对信息的进入予以准确把关，对其意义的接受与阐释加以必要的限定，使其符合通行的解读规则，还可借助于相关的课堂传播媒介或技术（如板书、道具、多媒体设备）等措施进行支持或说明。对同一教师的课堂传播活动而言，其某门课程的传播方式与话语解读等，学生有一定的适应过程，对其传播话语的解读规则有一个理解与掌握的过程，这是允许的。对同一学生群体（如班级群体）而言，不同的课程其课堂传播方式与话语解读等因带有教师的经验特色与个人风格，正是在其适应的过程中形成接受的定式，从而形成一种传受的契约，不同的学生个体均能以自己的方式消化课堂传播的话语内容。"课堂教学过程，借助于学科教材这个主要的知识传播媒介，由教师知识向学生知识的运动发展过程，实质上就是教师播种知识和学生知识生成的过程"，这种"播种"的过程"要求教师要激活知识的'种子'"，"教师所播下的知识的'种子'，应当是一种充满社会与生活气息的活体的知识"。[1]

二、课堂传播渠道的特点

课堂传播信息流是在一定的渠道条件下完成的，必须有适应和畅通的传播渠道。渠道是任何信息传播与流动的基本条件，传播渠道的建立受到传、受双方多种因素的影响与制约，但渠道的宽窄深浅和顺畅与否，直接影响到信息传播的质量高低和数量多少，影响到传播的速度快慢。渠道往往是有形和无形的统一。其有形的存在形式即是要借助于一定的物质载体得以建立；其无形的存在形式即传受双方的心灵默契、心息相通和精神交往。课堂传播渠道的建立有其普遍的规则、特点与要求，必须遵循一般的传播活动共有的渠道建立原则，而就其作为传播活动的一种来看，其整体层面也有自身的规则，而对于作为传播者的不同教师，对于作为传播内容的不同课程而言，则又会因人因时而有不同的特点。因此，课堂传播渠道的建立及其畅达是在一般传播规则之下的一个动态过程。具体而言，可从以下几个方面予以分析：

---

[1] 谢利民 . 现代课堂教学的理念：知识的传播与生成 [J]. 教育科学研究，2002（7）：7–10.

（一）适应性

不同的课程有不同的内容资源和知识信息，面对不同的受众群体，课堂传播渠道的建立必须与之相适应，便于知识信息的顺利传播。这种适应性，既有内容方面的，也有传播者自身的；既有传播环境的，也有受众对象的，而且在不同程度的教育教学阶段有不同的特点，而最终为主的选择者和创构者是作为传播者的教师。他往往根据自己的经验和课堂教学风格选择与其相应的传播渠道，以充分展示自己的优势，实现课堂传播效果的优化。其间，最为重要的，就是要充分考虑环境、内容和受众的要求，在综合权衡之后得出最佳的渠道决策。特别是对于受众对象的个性特征和需求取向，要有准确的判断和充分把握，寻找其最佳契合点，追求知识信息、课堂传播方式等与学生的最大最优的适应性。

（二）便于传播

课堂信息流是通过渠道运动的，方便、快捷、高效，是对课堂传播渠道的基本要求。方便，就是师生作为传受双方，能够轻松自如地利用渠道实现知识信息的交流，没有信息阻隔和障碍，渠道能充分地服务于课堂传播活动，特别是教师作为主导者，能够熟练地驾驭和操作，使用起来灵活，即使是使用新的媒介手段，也能自如地操作。快捷，就是渠道能随堂发挥作用，很快进入到使用的状态，因为课堂传播时间是有限的、固定的，一旦出现问题或阻滞，就会影响效果，就会耽误进度，不能完成教育教学的任务。高效，就是渠道必须是最优的，成为课堂信息传播的可靠依凭和附载者，课堂信息传播有多种渠道可以选择和凭借、使用，但教师在进行渠道决策时必须充分考虑、预期传播的效果，能对师生双方的信息传受特别是互动起到积极的促进作用，特别是要预防知识信息在传播过程中的丢失和变形。

（三）多元优化

随着科学技术的发展，课堂传播活动的方式不断更新，途径多样，手段更加现代化，导致了两种课堂传播状态：一是教师在进行渠道选择时具有了多元性，要求教师从众多的教学媒介中选择适合于自己的方式；二是同一课堂之内可能同时出现几种传播媒介共同构建其传播渠道,比如板书等传统的教学手段、多媒体设备(图像、声音、文字集于一体)等混合使用,通过教师的创造性组接和融合而形成一条课堂传播的主渠道,将传统的传播渠道与现代传播渠道融为一体,共同构建通向高效、优化的课堂传播之途。随着课堂传播现代化程度的提高,先进的教学手段和教学设备对课堂传播活动的介入,对教师也提出了更高的要求,必须具备相当的渠道驾驭和操控能力,从传统的课堂传播模式迈向现代的课堂传播模式,在多元中实现优化。这也说明,教师作为传播主体,对渠道的选择和创构有一个不断创新和改进的过程,面对新的课堂技术和传播形式,必须与时俱进,不断出新。每一种新的传播技术的运用,都有一个适应的过程,是由慢到快,从不熟悉到熟悉并逐步提高的。这与前面所讲的快捷并不矛盾。作为教师,必须充分考虑学生的需要。学生是时新的,是动态变换的,对新的传播技术更具有适应性。如果教师不考虑这一点,故步自封,不学习新的传播技术,就必然落伍于时代发展和新的教育教学需要。

(四)抗干扰

课堂传播活动从横向延伸的平面来看,是一个传播场;从纵向流动的立体来看,是一个生生不息、交互作用的信息流。在这个信息不断流动的传播场中,可能出现不少的干扰因素,有来自物化环境的,也有来自教师自身心态、情绪和生活遭际的;有来自社会各方面的,也有来自学生一方的;有来自制度与体制、机制的,也有来自课堂传播临时场景的。而不管怎样,这些课堂传播中的"噪声"的存在,都需要渠道具有抗干扰性。其中有三种情况需要重点予以考虑:一是物化场地的状态对传播渠道具有影响,有些是临时性产生的,必须及时消除"噪声"。教室附近如果有建筑工地,"轰隆隆"的混凝土搅拌声,地基打桩声,汽车喇叭声,歌厅、舞厅、餐厅、菜市场的嘈杂声,都会使学生注意力分散,情绪烦躁不安。再如教室内灯光的明暗,也会影响和限制师生的行为,影响甚至改变信息传播渠道。如果教室灯光亮度不够,学生就会吃力地睁大眼睛,专看黑板而无法集中注意力于已经建立的信息渠道。二是在众多的可能对课堂传播产生干扰的"噪声"中,教师自身是最为重要的因素。教师的外在形象(包括表情、眼神、动作)是整个课堂传播场中引人注目的中心，而教师的生活遭际和情绪、心态最鲜明易见地在课堂中面向全体受众表现出来，不仅使自身对知识信息的传播难以把握，而且极为直接地影响学生的情绪和状态，而一旦失去理性的调控，则往往易于使用过激的语言，甚至将课堂变为一个自我情绪排解和发泄的场所，有时还会对一些社会人生问题进行一番"题外之音"的议论、品评，使课堂传播内容衍生出诸多的冗余信息。这时，课堂传播的渠道往往会暂时中断，改弦易辙，变为另外一种内容的临时通道，学生可能一两次还觉新鲜，可以接受，而一旦重复出现，则会产生反感，出现逆反心理。因此说，在对课堂传播渠道干扰因素的控制中，教师起到十分重要的作用。教师作为课堂传播渠道的创建者和控制者,应时刻注意把握其运动方向，净化、完善、优化渠道的传播功能。三是学生的因素。"学生所处的社会环境、社会地位、文化背景、家庭背景不同，学生在对所接受的传播内容的选择、传播媒体的使用上也会有所不同，对相同的传播内容也会产生不同的看法和态度，从而影响到学生对于教育传播系统所传播知识的接受与理解。"[1]特别是学生不良的课堂情绪和学习心态也是一种"噪声"，最为直接地影响到教师的状态，有时还使之丧失激情、中断思维、淹没灵感，挫伤其课堂积极性。

（五）独特性

课堂传播渠道设计和创建源于教师，但必须对作为受众的学生具有亲和性。这与前面所说的适应性是一致的。而适应性也好，亲和性也好，对教师自身也好，对学生也好，渠道的"亲和"和"适应"功能是与其独特性分不开的。这种独特性使不同的教师、不同的课程具有不同的传播方式，形成其传播特征和规律，同时又受制于不同的课程内容特质，形成内在的规定性。课堂内容既具有选择性，又具有先在性。选择性就是教师主体总是根据自己的表达需要和课堂传播风格来框定其内容，并对内容进行加工；先在性即课程的性质、教材的内容、对象的需求等，又具有一定的固定性，先于教师主体而存在，教师不能任意发挥，脱离教材这一根本。选择性和先在性共同作用于课堂传播渠道，使每门课程、每位老师的

---

[1] 奚晓霞，吴敏花 . 教育传播学教程 [M]. 重庆：西南师范大学出版社，2009：194.

传播渠道具有不可重复性的特点。这是激发学生对知识信息的接受兴趣和创造意向的一种重要中介性动力，也是教师传播效果得以实现的途径依托，既能使学生在众多信息中迅速捕获自己感兴趣的信息，又能使教师在驾轻就熟的传播活动中对学生实行引导。渠道的独特性取决于教师长期积累的课堂传播经验和对知识信息的驾驭能力，取决于其作为教师的与众不同之处，即具有独创性的教育教学风格。

（六）伸展性

课堂传播的有形渠道相对固定，其信息附载和容纳在一定时空条件下是否变化，主要取决于传播者的技术支持等外力的作用，而课堂传播的无形渠道则是一个灵活的运动系统，在传受双方的相互作用下可在无形中增大、扩充容量，彰显其传播的动力机制，而关键的环节则取决于传受双方在知识信息交流与思维碰撞中共通意义空间的构建。教师所传的原生信息凭借渠道通达到受者，在感知、体悟和消化的过程中，双方发生隐性的精神交往作用，受者所接收的信息往往是一种价值的增值，对原生信息进行了"自我化"的整理和提炼，融入了自己的经验和理解，并结合自身的知识进行新的组合和架构，形成新的知识信息方阵。正是在这种无形的意义空间中，师生双方以知识信息为中介发生心灵的碰撞，引发创造的激情，唤醒沉睡的潜能，点燃思想的火花，导向新的渠道传播境界。这往往是在不经意之中自觉或不自觉地完成的。共通的意义空间的构建，是以知识信息为纽结，并以双方的需求契合点为前提而得以展开的，学生的理解使知识信息有了新的生长，并在反馈中使师生的知识信息实现共生和互长，实际上是信息的增益和扩充。这时，在无形的传播渠道中，流动的信息量增加，渠道容量加大，不断拓展，以适应信息流量和流速的要求。教师在渠道设计和构建中，必须充分考虑其伸展性。

（七）对接

在课堂传播活动中，师生必须凭借渠道实现双方在信息传播、信息需求、价值取向和终极目标上的深层对接。"学生是教育传播的受传者，它通过视觉、听觉、嗅觉、味觉、触觉去接收传播通道传递来的信号。"[1] 在课堂传播活动中，视觉、听觉是学生接受信息的主要感官，对接则不是简单的接受，而是传受双方在传播渠道上的最终会合和交融，是课堂传播效果的实现平台和转换接口，是知识信息得到优化的端口。对接既有有形的，也有无形的。有形的是就课堂传播活动中具体的物质环境、设备条件、技术支持、师生的现场表现等因素而言的，在现实的层面表征渠道的功能及知识信息流动对渠道的依托；无形的是就课堂传播中的虚拟场景和精神空间而言的，即师生以知识信息的传、受为中介，达到了心灵的默契和精神的自由，实现了主体生命力量的高度化合。这时，虚拟的课堂传播渠道其功能实现了最优化，信息的往返流动最为频繁和密集。

[1] 南国农，李运林. 教育传播学 [M]. 北京: 高等教育出版社，2005 : 94.

第四章 >>>

课堂传播中学生主体的知识信息需求及其把握

课堂教育教学过程包括了传播活动的各种因素：传播者、受传者、讯息、媒介、反馈等，也体现了传播的各种功能，不管是从人际传播来考察，从组织传播、社会传播来把握，还是从传播本身的过程及其各种因素来解剖，均不例外。课堂传播活动源于作为生命主体的师生双方的需求，这是课堂传播关系得以建立的本原及其矛盾运动过程的关键。无论是教师还是学生，都拥有对知识信息进行传播、接受的兴趣和需要。它起自双方的生命冲动，源于作为主体的人的生存、成长与发展的追求取向，也是最为本质的生命意识之所在。没有这种生命需求的内在冲动，就没有激情、没有动力、没有对于知识信息的最为根本的领悟，课堂传播双方就处于一种消极无为状态，甚至无法建立起来。

一、需要是课堂传播中生命主体互动的内在机制

教师是作为传播内容的知识信息的把关者，是课堂传播活动的主导者。教师的传播需求是课堂活动得以展开的原初动力。教师的这种传播需要源于其出自生命冲动的对职业的热爱与选择，源于教师的职业意识、职业定位与职业精神，源于教师的职业责任感和使命感。我们平常说"教书育人是教师的天职"，就说明教师的这种传播与表达需要；"师者，所以传道授业解惑也"，也表征着教师的职业理性与职业规约。作为教师，必定有一种传播知识信息的内在冲动，有一种无法遏制的表达需要，而且是出于最本真的生命之需。教师是社会化的人，作为传道者，作为"人类灵魂的工程师"，所传播的知识信息看似只是一种外在的生命运动形式，而其深层的、根本的、最终的，则是对人的无形影响与转化、提升，因而，教师的精神气质、人格魅力等，都是一种传播，在有形形象与无形形象的统一中生成的这种具有生命弹性与吸附力量的教化磁场，有时对学生的影响比知识信息的传播更为重要、更为深远、更为内在。因为，有形形象更多地表现为教师的衣着打扮、

长相身材、外表特征，表现为教师的语言表达和身体动作等非语言符号；而无形形象则是精神层面的、心理层面的、情感层面的，是由各种因素综合而成的人格形态及其放射出的力量与光辉，看似隐匿，实则具有强大的传播力与影响力，是导致学生产生崇拜心理的重要原因，也是教师课堂传播中的人格魅力之所在。可以说，职业选择决定了职业主体的精力专注度和对职业投入的生命激情，那么，人应该如何选择职业以及选择什么样的职业，就是一个重要的人生决断。关于这个问题，马克思在 1835 年 8 月 12 日的中学毕业考试中，以一篇《青年在选择职业时的考虑》对此作出了不同凡响的回答。马克思认为，选择职业应该遵循的主要指针是"人类的幸福和我们自身的完美"，这二者不是对立的，人们只有为他人的幸福和人格的完美而工作，才有自己的幸福和人格的完美。一个人如果只想着自己，只为自己的幸福而劳动，那么这个人或许会在某一领域有所贡献，但是"他永远不能成为一个完美无疵的伟大人物"。马克思说："如果我们选择了最能为人类幸福而劳动的职业，那么，重担就不能把我们压倒，因为这是为人类而献身。那时，我们所感到的就不是可怜的、有限的、自私的乐趣，我们的幸福将属于千百万人。我们的事业是默默的，但她将永恒地存在，并发挥作用。面对我们的骨灰，高尚的人们将洒下热泪。"[1]可见，对于职业的选择就必须是出于一种对未来事业的热爱和不变的生命情怀，尽管现实生活中人们的职业定位存在不少的干预因素与不主动、不情愿的情况，但就普遍的理性原则与通常的状态来看，则是一种兴趣驱使下的生命需要，往往转化为人生的动力机制，并在职业实践中形成职业精神，驱动生命主体朝着自身更高的目标前进。这种职业精神及其形成的动力，是一种人生的抉择，久而久之，便会在生命主体的心灵世界形成一种积淀化的精神图景。这种图景往往以一种信息框架的形式存在下来，并在这种框架下生成为表达的欲念与传播的需要。所谓"教师"的天职，从课堂传播的层面而言，实际上就是伴随其职业选择和职业精神的养育而逐步形成的。如果一个教师感觉课堂传播与表达并非一种生命的需要，不是处于一种内在冲动的驱使，其课堂传播的氛围就会沉闷，就会缺乏活力，其效果也会大打折扣，教学目标无法实现，更不必谈师生互动的传播状态的形成。

---

[1] 马克思，恩格斯.马克思恩格斯全集（第 40 卷）[M].北京：人民出版社，1982：6–7.

正因为对知识信息的传播是教师的一种近乎本能的生命需求，才会在这种需求力的驱使下，把握课堂传播的主动权，形成课堂传播的氛围，活跃学生的情绪，点燃学生的求知欲望，激活学生的创造潜能；才能精选课堂传播信息，精心设计课堂传播环节，精美完成课堂传播过程；才会以高度的责任感构建课堂传播场域，从而实现课堂传播效果。教师对知识信息传播的需要与冲动，是热爱学生的力量所在，而只有博大的爱和仁厚慈善的心地，才能真正与学生平等交流与对话，在共同的取向与一致的目标上，使教师的传播需求与学生对知识信息的需求契合一致，在互动互容中实现课堂传播的至善至美之境。

那么，学生的需求呢？学生的需求源自一种成长的条件与求知的欲望，不论是哪种类型、哪个层级的课堂传播，作为受众的学生对知识信息的需求，均是处于一种生命本体的欲念，是一种生命的现实及其提升的驱动，没有求知欲望的学生就没有动力，课堂传播就无法构建或者会缺乏活力和氛围。当然，每个学生对知识信息的需求，在遵循基本的、共同的原则的前提下，往往有个体的差异，有不同的侧重点，有不同的价值指向与选取方式。这种对知识信息的集聚与处理的个体差异，是由作为生命主体的学生的个性特征、智力水平、知识基础和求知条件所决定的，也受到家庭、社会等外界因素的影响。这种差异表现在学生对知识信息的选择兴趣、消化功能和吸纳能力等方面。实际上，学生对知识信息的需求是一个动力机制的构建过程。这个动力机制源于作为生命主体的学生的成长与生活实践的挑战。面对生活中的种种困惑和疑难，面对让人充满奇思妙想的大自然，面对自身成长中遭遇的现实问题，面对社会与他人对个体生命的挑战，必然需要提高自身的生长力与应对力，需要对外界的理解与判断，需要有相应的知识信息作为支撑，并转化为自身素养，为自己的发展和实际能力的提高起到推促作用。

作为接受主体的学生对知识信息的追求，首要的表现是其匮乏性需要，必须以知识信息来填充自己的"心理空缺"，满足对于外界包括社会的和自然的"心理期待"，形成充实的知识储备。可以肯定，人对知识信息的接受是一个由浅到深、由简单到复杂的过程，这既是由人的认知能力决定的，也是由反映人类社会与物质世界规律的知识梯级结构特征决定的，因此，在针对不同受教育对象的群体的课堂传播中，教师应把握其对象对知识的需求层次，并以科学的标准选择恰当的知识。在人的成长与成才中，无论是直接的知识信息还是间接的知识信息，其最终目的就是为了使受教育者形成合理的，既体现人类知识的普遍规律，又具有自身职业适应性的知识结构。知识结构的构建作为课堂传播的重要目标之一，在人的社会实践活动和能力表现中扮演着重要的角色。各行各业、不同的战线与领域，对人才的最基本要求，就是要考量其知识结构的合理性；而就个体自身而言，对社会与职业的适应及从中表现出的创造力等，均与知识结构的合理性与科学性成正比例。知识结构不合理或者知识结构与所从事的职业要求不对等，均会出现能力不适或偏差。因此，教师对知识信息的传播必须从这一目标出发，使各科知识、课堂内和课堂外的知识、理论知识和应用性的知识等，形成互补的关系。当作为知识信息接受者的学生其"心理空缺"逐步得到补充之后，便会产生超越性的需要，这是学生对知识信息的较高要求，是一种综合素质的全面提升，包括人格和心理素质等各个方面。

对知识信息的"心理空缺"是人的自然化特征的表现与社会化特征的表现的统一。就自然化特征而言，即人生而需要知识信息的营养，在这种营养的滋补下成长、成才、成功。人出生以后，赤条条地来到这个社会，必然要了解外界，适应外界，这就需要知识信息的填充，使自己在适应这个复杂的社会之后逐步形成对社会的认知，从而产生改造这个社会的欲望。而随着生命个体对知识信息接受的逐步增加，其社会化的欲望必然递增，各种疑惑会产生，各种问题需要弄明白，各种困难需要克服，各种矛盾需要解决，等等。因此，对知识信息的需求欲望也就必然处于"永不满足"的状态，不断需要吸收新的知识，以满足自身新的需求，以求得自我的最佳发展和进一步完善。这就是一种自我超越，就产生了"超越性需要"。"超越性需要"是人不断自我提升与发展的一种自我生长力，既包括对自己的超越，也包括对他人的超越，是一种永恒的弃旧图新。"知识就是力量"，这种力量就是人走向超越之境的一种本质需求，是生命主体自我成长、自我实现的一种发展趋势和完善状态，往往会形成一种动力机制，既需要在课堂传播的信息中得到启发与满足，也促使个体自身不断在课外涉猎相关知识，并对有关问题提出疑问，以源源不断的知识输入来满足自身成长与完善的需求，不断提升自我，形成新的"知识梯度"，由"博"而"专"，在"专"与"博"的统一中实现自我的知识追求目标。对知识信息的需要从婴儿期到老年期，其程度和要求是由低而高的。这是知识传授和人对知识信息需求的最一般的规律。人来到这个世界，一无所知，这时是一种生存的需要；逐步长大，有了自己的理想和目标，这时是一种发展的需要；有了相当的知识，但努力朝着更高的目标前进，这时是一种完善的需要。因此，从人的发展历程来看，由"匮乏性需要"到"超越性需要"，是一个递进的过程，是人的本质力量的体现，也说明人对知识的需求是过程化的连续与绵延，在梯度式提升中实现超越，在超越式累积中走向完善。而这正是课堂传播活动的终极追求。

二、课堂传播中学生主体对知识信息的需求特征及其把握

课堂传播活动中学生对知识信息的需要系统，与外在环境和社会发展处于相互作用之中，既是动态的，也是分层的；其主导需要对社会具有提醒作用，并在其群体内部引领其走向；因其易于受到具有流行性特征的社会文化心理的"干扰"，必须予以引导和纠偏。

课堂教育教学过程是一种典型的传播活动，包括了传播的各种因素。从课堂传播关系得以建立的本原及其矛盾运动的起点考察，课堂传播活动源于作为生命主体的师生双方的传、受需要。无论是教师还是学生，都拥有对知识信息进行传播、接受的兴趣和需要。在这一传播活动中，知识信息作为课堂传播的内容形态，具有其内在的特质，始终是师生双方关注的中心点。而其中作为接受者的学生对知识信息的需要并非单一的、自我化的需要，而是与社会发展、社会心理、社会的主导需要处于动态运动之中。作为课堂传播主导者的教师，必须科学分析学生主体对知识信息的需求特征并予以把握。

（1）学生对知识信息的需要是一个系统，既有个体的特质，也有群体化的表现；它集中反映于课堂传播活动过程之中，诸如生命主体知识目标的动态实现、生命主体的精神互动等，都是其具体特征；它既对作为传播者的教师提出了内在要求，也有社会化的一般特征。作为社会化的人，学生群体生存和生活于社会大系统中，无论是世界观、人生观，还是价值观、生活哲学乃至其个性化的精神意向，都是

在一定的社会发展与文化环境中逐步形成的，且不说社会的物质生产状态和生产力水平对其知识信息需求具有重要影响，就是社会文化及由此形成的时尚风潮，也会影响到其心理的动力机制。这种影响既有正面的，也有负面的，既有积极的，也有消极的。这就说明，处于社会环境中的学生，其对知识信息的需要作为一个系统，与外在环境、与社会发展处于动态运动和相互作用之中。关于学生对知识信息的需求系统，教师在课堂传播活动中必须有较为准确的把握，而且这种把握要符合学生的个性特点与学习实际，既要适应、满足，更要提高、升华。正因为学生的需求有的处于较低层次和不成熟状态，教师就必须在充分满足不同个体的不同需求的基础上（能区别对待不同的需求层面）引导学生的发展，提升学生的需求，在学生对知识信息需求的预期中建立联系通道，既要符合其期待视野，又要在基础层面扎实的前提下，引导其向较高层次提升。可以说，这种提升也正是学生不断发展的一种外在动力机制。正因为课堂传播活动中教师的这种提升作用，学生才会对自己所需要的知识信息进行科学的选择，排除外界负性文化因子的影响，从而建立起自己的主导性需要系统。而学生的这种需要系统对教师的课堂传播理念与传播活动具有重要的调控与规制性影响。

（2）同时，学生对知识信息的需求从整体而言既是动态的，也是分层的。正因为是分层的，所以处于不同层级的学生所受教育的程度不一样，一般是由低到高递进的，但处于每一层的接受主体都有与这一层级要求相适应的主导需要，以此决定一个时期内学生的主导需要也是呈梯状分布的，是动态的提升趋势。在这样一种需求布局结构中，从其对知识信息的接受来看，每个接受群体都是呈层级提升，而每个层级其主体又是逐一更新的。因而在不同梯级和层次的课堂传播活动中，学生对知识信息的需求是不相同的，对作为传播者的教师也有不同的要求。从幼儿教育到研究生教育，共有20余年时间，这个时间段从人生的成长来看，是最为宝贵的，人生沐浴于知识信息之中，而知识信息又改变着人生，其间社会发展状态也会有很大的变化，知识信息也伴随着社会的变化而不断地更新，既适应社会，又适应接受者。人就是处在这样一个发展的环境之中，在社会变迁与知识信息更新的双重作用下，不断适应和提升自己的知识水平与文化程度。因此，分层的、动态的特征也是作为接受者的学生对知识信息需求的表现。而处于不同层级的教师,其身份与角色都有明确的定位,有自身特定的知识信息构成和岗位要求。这种职业定位是不能简单移易和彼此替代的。一般而言,其职业所要求的社会化角色相对集中、固定于一定的阶段,如小学阶段、初中阶段、高中阶段、大学阶段,在这些阶段内部,其角色可能会从高到低或从低到高异动,而从这些阶段本身的知识结构要求来看,又有学科、专业和知识背景的要求,学科、专业之间有明确的分野,不能有角色的替代,其课堂传播活动也有相应的规定性。因此,在同一阶段,教师的职业角色一般只在同一学科、专业内发生异动,而且这种异动一般幅度不是很大,相对集中和稳定。而从作为接受主体的学生来说,其社会经验的积累和丰富、知识信息的增加和扩展、心理与生理的逐步成熟、人生视野和见识的开阔与增长,在每一个学习阶段都有不同的表现,有其主导需要。正是在由低到高、由浅入深的过程中伴随着其主导需要的满足,学生个体完成了社会和自我成长的过程,不断跨越相对固定于一定阶段、有特定知识背景要求的教师,逐步形成适应社会发展与职业要求的知识结构,步步提升。从这个层次而言,作为传、受双方的师生,其对知识信息的需求(传播与接受)在整体上说是和谐的、共振的,在互动中实现课堂传播效益的优化并不断追求最佳的境界。

(3)在某种程度上,作为社会上最具生命活力、求知欲望和发展潜能的学生群体,其对知识信息的追求最能体现社会精神文化需要与发展之走向与特征,而社会的转型及其主导需要的变化也会从整体上影响学生对知识信息的需要,并促使其具有社会适应性。因为他们思想最活跃,情绪最热烈,心态最自由,对社会变化和文化发展有着敏感的神经,对陈旧现象有着尖锐的批判,对新生事物与流行文化能够主动接受,是活跃而富于创新意识的群体。而在社会的代际承传与连续性发展流程中,知识的传播与运用、积累与创新,往往是重要的桥梁与中介,社会发展在很大程度上依赖着知识的传承与创新。而学生遨游于人类知识的海洋而不断得到发展,就是在对知识的接受、吸纳中完成自我创新的。作为一个普遍的原理,社会需要的主导层次与主导方向,均"与社会发展程度、所处的具体环境及所奉行的价值观念有关",目前,"人类社会已进入信息社会,这一社会的特征是知识性需要在社会生活中堪称举足轻重,信息社会以后的发展现在难以预料,或许可能朝分别以规范性需要、意向性需要和反思性需要占主导的社会演化",科技进步正促使人类进入"跳跃"时期：从自然进化向人工进化的跳跃，从传统经济向知识经济的跳跃，从定型人到多面人、从国民到地球村村民、从主体人到生态人的跳跃，而"人类自身所奉行的价值信念对社会主导需要的形成有重要影响"，经济性需要在我国重新获得重视、知识性需要在当今社会中地位提高，都是以相应价值观念的变化为契机的。[1] 这种需要层次的变化，对作为知识信息接受者的学生来说，必然会产生直接的影响，使其需求具有社会适应性，从而反映到课堂传播活动之中。但在社会转型的发展时期，学生对知识信息的需求状态往往有复杂的表现。从当下的情况来看，就具有这样几个特点：一是其对知识的需求日益强烈，特别是对新知识、应用性知识的需求更加迫切，因为在优胜劣汰的竞争环境和知识价值日益凸显的时代，没有知识便无法得到好的发展，甚至连生存也成问题，"知识改变命运"的观念已经深入人心，知识的量与质决定了个体在社会的地位与话语权。二是对与社会发展重点、热点问题相关的知识尤其得到重视，对大学专业的选择更加讲究实用，甚至带上功利的目的，既有求知心切的心理，又有一种急于求成的动机，致使许多传统学科变为"冷门"，一些新兴专业成为"抢手货"，其间也反映出较为复杂的社会文化心理，至于这种需求变化的社会意义和发展性价值，在社会发展中所起的作用特别是对于社会生产力的推动性，必须经受实践的考验和历史的检验。社会与学生需要的专业就是好的，就应该"办起来"，应该优先发展，从当下的现实看，是一种趋势，而从理性的角度考量，学生的需求与社会的主导需求处在复杂多样的关系之中，其本身有一个引导和成长的过程。三是对知识价值的认识发生了变化，不是从知识的贮备及其对人自身发展和社会发展的作用这一长远目标来审视自身的知识接受状态，而是从知识的现实效应和当下效益的层面来权衡其价值，因而学生对知识信息的接受和选择带有鲜明的自我意识和实用目标。这种自我意识和实用目标有时接近于社会主导需要，有时则更多地突出个体的感性化取向，并没有理性的标尺和融入社会发展的自觉性，在个体发展与社会发展之间难以找到平衡点，一旦当其知识凝固为一种内在的结构，就会在个人与社会之间出现距离感，滋生不可适性。这些对作为知识信息传播者

[1] 黄鸣奋.需要理论及其应用 [M].北京：中华书局，2004.68–71

的教师提出了新的要求与挑战，教师必须更为准确地把握传播对象的需求，更为快速高质地更新自己的知识结构和课堂传播方式，更好地深化内容和形式的改革，特别是对实践教学要更为重视，既适应社会知识信息本身发展的需要，又在知识与技能的传播中充分地培养学生的能力。

　　而从社会需要的方向来看，则整体上主要有3种：能产性需要——"体现社会对进行物种生产、物质生产和精神生产所不可缺少的条件的依赖性"，"处于前导性地位"；传通性需要——"保存和扩散社会生产的成果"，"关系到保持社会生产的连续性所不可缺少的条件"；整合性需要——"是社会划分为彼此有别的社会集团的历史条件的产物，体现社会调整这些社会集团的相互关系的必要性"。而三者的相对关系和社会发展程度有关，"社会的价值体系，对确立社会需要的主导方向有重要影响。从原则上说，可以有三种类型的价值体系：一是重视创造；二是重视纵向传承；三是重视横向交流。在它们的支配下，有可能分别形成基于能产性需要、传通性需要和整合性需要的主导方向。以能产性需要为主导的社会是创业型社会，以传通性需要为主导的社会是传承型的社会，以整合性需要为主导的社会是开放型社会"。[1]对于社会需要的方向只能作大致的划定与理论上具有原则意义的估设，但在社会的价值体系与社会需要的主导方向之间具有必然的互相影响与作用关系。社会需要的主导方向自然会影响到社会成员的需求倾向，具体就学生对知识信息的需求而言，其创业性追求是能产性需要的产物，以此为中心，在其对知识信息的选择和接受中，自然会形成个体适应社会发展的知识结构，并以个体而联结成社会化的需求整体。而从师生的传、受关系而言，其传通性和整合性则直接包含其中，而且也可以从传通性和整合性中见出知识信息的传播与接受规律，看出主导性社会需要对社会成员价值取向的影响，对作为受教育者的学生群体的知识接受特征与专业选择变化的影响。学生作为社会群体，其对知识信息的主导需要对社会是有提醒作用的，而又会在其群体内部引领其走向。对社会的提醒作用，实际上是反作用于社会文化的发展特别是教育的发展，促使教育管理者、政策制定者适时根据受教育者的需求调整、完善相关环节，使教育信息的传播更为灵通和

---

[1] 黄鸣奋.需要理论及其应用[M].北京：中华书局，2004.72-75.

顺畅，也会使教师在对自身的反思中完善课堂传播方式，而且对一定时期内的社会需要起到推促作用。在群体内部的引领作用，实际上是说一代学生的需求作为社会变化的集中反映，具有强劲的影响力，使具有个性和自我原则但又并不成熟的周围其他人群认真对待某一具有整合性的信息走势，并自觉或不自觉地向之靠拢和聚集，从而在一种向心式的合力作用下，引导其群体人员作出自觉的选择。

（4）在学生对知识信息的主导性需求中，处于中轴位置的是对新的文化信息的需要，是对学科知识的需要，而社会的流行文化、大众文化等，往往对这种需要形成"干扰"，其中包括电视、手机、娱乐类的报刊、电子音像制品，特别是飞速发展的网络媒体等大众传播媒介，还包括具有大众传播特征的流行文化（如流行歌曲、流行影视作品与明星、流行校园文学、流行服饰）及其所造就的偶像崇拜与"粉丝型"受众，也包括在前两者基础上所形成的具有流行性特征的社会文化心理导向。种种这些，都会汇合而成一种信息流，进入学生的"接受"视野，从而使其在课堂传播活动中对主流知识的接受形成影响甚至冲击。这种影响具体而言主要有两种表现形态要予以把握：一种是中性的，一种负性的，积极的因素虽有，却对于课堂知识信息的传播、吸收和消化而言难有正面的功效。说其是负性的，主要是说这种信息流对于人生观、世界处于形成或定型期，判断力和分析力不强的青少年来讲，往往难以辨别，而且数量多、冲击大，应接不暇，容易分散其对知识信息接受的注意力，甚至产生一种疲劳。而就其对课堂传播的影响来说，主要是从其情感导向和心理诱引上分散学生的注意力，挤占其对主流知识信息接受的精力，产生课堂传播的内在心理干扰因素，甚至会诱导学生将相关的信息储存带进课堂，阻碍正常的课堂知识信息传播渠道的建立；说其是中性的，主要是指社会的流行文化、大众文化往往表征一种价值观念，代表一种时尚的文化走向，是一个特定的标签，也反映出大众的喜怒哀乐与流行的生活方式，体现出一定时期大众带有共同性的审美情趣。因此它作为一种大众性的社会心理现象，反映出人们的人生价值观、思维习惯、行为模式、文化心理、审美趣味等方面潜移默化的变革，必须影响到作为社会成员的学生，使之以时尚的目光追求时尚的风情、模仿时尚的行为，以其现实的跟进行为来表明身份的存在、合群与形象的先锋做派，在个性的张扬中产生与社会生活打成一片的心理感觉。这样，就会从客观上刺激其思维的活性因子并在动态平衡中予以更新，并有合群的自我意识和向上的精神意向。这样一种影响势必会体现在学生群体的衣着打扮、服饰特征乃至头发修饰等外表形象上，这就是课堂传播的非语言符号，并对作为传播者的教师形成刺激，包括视觉和情绪，必须在师生的价值标准中协调其平衡点。可以肯定的是，对学生来说，保持青春活力，拥有积极向上的精神状态是共同的要求，但不能"另类"和"奇怪"地打扮自己，学生的身份和角色与受到社会流俗浸淫的青年群体是有区别的。课堂传播的非语言符号是课堂氛围形成的无形力量，承载着社会的信息与个人的兴趣，必须符合约定的规则，顺应教育教学的要求与规律。因此，教师要密切关注学生的文化心理变化及其对知识信息需求的影响，当其对新的文化信息的需要、对学科知识的需要与社会流行文化及其心理发生冲突或出现失衡时，要主动、适时、恰当地予以引导、纠偏，使其建立正确的主导需要，并与教育规律相符，与社会先进文化发展方向一致。

第五章

课堂传播中的知识信息预期与教学形态

课堂传播中的知识信息经过了作为生命主体的教师的转化与优选，是一种预期性的价值形态；师生作为传、受双方，其对知识信息的预期在课堂传播场中交会之后，往往会出现或是亲和、吸引，或是疏远、排斥，或是中性、无关的复杂状态而生成不同的课堂教学形态。前者是正向而积极的，后两者是消极而带有负性倾向的，只有经过教师适时而恰当的调控，才会在传播内容和传播形式的交结点上生成最佳的课堂教学效益。

课堂教育教学过程是一种典型的传播活动。"在教学活动中，教师与学生正是运用各种媒介（包括语言、文字、印刷资料、广播电视以及多媒体网络等）收发信息，交替扮演着传者与受者的角色（多数情况下，教师是传者，学生是受者）。从这个意义上说，教学也是传播，是人类社会各种传播活动中的一项特殊形式"[1]，包括了传播的各种因素：传播者、受传者、讯息、媒介、反馈等。美国学者 H. 拉斯韦尔于 1948 年发表的《传播在社会中的结构与功能》一文，第一次提出了构成传播过程的 5 种基本要素，并按照先后顺序将其排列：谁、说了什么、通过什么渠道、对谁、取得了什么效果，被传播学界称为"拉斯韦尔模式"，因为其中每一个疑问代词的第一个字母均为"W"，又被称为"五 W"模式。这是一个经典的传播模式，在传播学研究中具有十分重要的意义，"第一次将人们每天从事却又阐释不清的传播活动明确表述为由五个环节和要素构成的过程，为人们理解传播过程的结构和特性提供了具体的出发点。实际上，后来大众传播学研究的五大领域即'控制研究''内容分析''媒介分析''受众分析''效果分析'，就是沿着拉斯韦尔模式这条思路形成的"。[2] 在课堂传播过程中，各个要素缺一不可，其中"讯息"就是课堂传播的内容形态、知识信息，始终是师生双方关注的中心点，显得尤为重要。本文并

---

[1] 范龙, 王潇潇. 试论课堂中"信息沟"的形成与消减——以传播和舆论的视角 [J]. 现代教育科学, 2008（6）: 63-64.

[2] 郭庆光. 传播学教程 [M]. 北京: 中国人民大学出版社, 1999 : 60.

非研究课堂传播全过程，而是简要分析作为生命主体的师生双方对知识信息内容究竟有怎样的预期以及以此为互动中心与意义空间而形成的思维与话语的交会形态。

一、课堂传播中的知识信息是一种预期的价值形态

课堂传播中的知识信息受到教材的规约，教材是课堂传播活动展开的文本依据和信息源头，也受到教学大纲和计划的牵引，比如课程大纲就"不仅是教师向学习者传播课堂信息的工具，而且也是教师教学效果反馈的工具"[1]，这些决定了课堂知识信息的内质。但不管怎样，课堂传播中的知识信息"并不是对学科教材知识的简单复制过程，而是教师对学科教材知识的一种再开发、再创造的活动过程"[2]，必须经过作为生命主体的教师的转化与优选，因而是一种预期性的价值形态。就师生双方而言，对课堂传播中的知识信息都有一种理想化的预期。这可以从两个方面来理解：

（一）知识信息具有主体预期性

无论是对教师还是对学生来说，预期性都是存在的，但预期的标准和程度有区别。为什么呢？因为教师必定首先考量和分析作为传播对象的学生的需求状态和接受水准，并据此对知识信息进行选择、消化和布局等。教师的这一系列构设和行为，都包含着教学目标与路径，是一种教学的思维框架与传播蓝图，必须依据学生的实际需求状态而采取恰当的课堂传播方式，并充分考虑其对知识信息传播后的效果问题，即预先期待和测定其课堂传播的效果。这是人类传播行为的通则，更是课堂传播的前提，具体落实在备课和对知识信息的处理等各种具体的行为之中，同时也会产生一种心理期待。至于这种预期的效果与现实的效果之间的差异或距离，可以从现场的传播情景作出一定的判断，而最终只能在对学生质量

[1] 雷珍容 . "以学习者为中心"课程大纲的理论与实践探索 [J]. 现代大学教育，2009（5）：81-84.
[2] 谢利民 . 现代课堂教学的理念：知识的传播与生成 [J]. 教育科学研究，2002（7）：7-10.

的检验中予以分析。当然，这种检测是复杂的，不像检验物质产品那样简单、直接、可以量化。因而，课堂传播效果及其对学生的效应，是一个长期的作用与内化的过程，并非一蹴而就的短期行为，而是要放眼长远，有远景目标。所谓教师的幸福和教学的愉悦，实际上就是从课堂传播的效果及其叠加中体现出来的。当然，如果预期的效果和实际的效果相差太大，则会产生失望感和痛苦感。而对学生来说，他会对课堂传播状态（包括知识内容、信息板块、传播方式、传播场景、传播效果及一些更细小的环节）产生一种期待和向往。一般来说，对于渴求知识、求知欲强烈的学生而言，其期望值往往较高，学习的动力更足，对课堂传播要求更高。实际上在学生进入课堂传播场域之前，就已经有了一种对知识信息的接受框架，有了一种既定的蓝图。这种期望值往往会在实际的课堂传播中与教师的传播活动发生心灵的碰撞，产生思想的火花，形成课堂传播的信息冲击波，所谓课堂氛围也就产生了，师生双方就有了彼此激活的力量之源。

（二）知识信息是一种价值形态的存在

知识信息本身是人类文明成果的集中反映，具有科学性，"教育信息体在呈现教育信息时，可以用图像、声音、动画等多种符号进行表述，但不能违背其科学性"[1]，这也正是课堂教学中教师处理和传播知识信息的前提，而知识信息作为课堂传播的具体内容来看，其间毕竟经过了教师的选择和消化，而且这种选择和消化既受到课本体例、课堂传播制度等各方面的规约，受到课堂传播计划等的限制，必须遵循课堂传播的规律和规章，也必然会体现教师作为传播主体的个性特征与价值倾向。"教师对教材的理解、教师的教学设计、教师课堂实施过程中的应变能力、对学生资源的开发和利用程度等，都渗透着教师个体文化修养，有着强烈的个性色彩"。[2] 教师对课堂传播活动中知识信息的选择和消化也一样，本身就体现了其作为传播者的一种教育教学观念，包含着一种主体性的价值向度。就其作为人类的文明成果来说，知识信息经过了一代一代人的淘洗和过滤，是一种历史化的累

[1] 南国农，李运林. 教育传播学 [M]. 北京: 高等教育出版社，2005 : 64.

[2] 于世华. 课堂文化传播的动力分析 [J]. 现代中小学教育，2010（1）: 22–25.

积和传递，包含了主体的价值向度。就其作为一种载体形式的存在来看，知识信息印证了一定的社会文化状态，凸显了教育教学与课堂传播制度，而且受到选编者观念的规约，也就是说一定的社会价值观念熔铸其间。就其进入到课堂传播流程及其现场生成而言，在课堂传播场域中存在的知识信息经过了教师作为传播主体的把关，包括选择（这是对知识信息进行把关的关键，根据作为受众的学生的实际需求、状态来确定课堂信息传播的具体内容）、优化（对所选择的知识信息进行优选，确保对学生有用有效，并注入自己的理解，加大信息传播的价值，使之与作为受众的学生的切合达到所希望的制高点）、序化（即安排课堂传播的程序，设置传播议程，将已选定的知识信息进行思维整理，使之便于传播和接受，并安排课堂传播的进程，包括提问等互动环节）和类化（根据传播议程对知识信息进行优化组合，划定板块，规设细目，描画脉络）等，这些都是在课前完成的，并且进入课堂后要有一定的传播环境与外界条件的支持。这些都说明知识信息的课堂传播包孕了传播主体的价值与理念。就其融入作为受众的学生的思想观念中的知识信息而言，则在其接受过程中又经过了选择和消化，体现了学生个性化的需求特点和自我完善倾向，是一种"为其所用"的价值存在形态。由此可见，课堂传播的知识信息从进入传播状态到融入学生受众的思想观念之中，都是一种价值形态的存在。当然，这种价值形态的存在并不影响知识信息本身的客观性和科学性，不会也不能改变知识信息的真理性。

二、价值形态的知识信息的现实转化及其契合性

基于以上分析，就有两个问题值得进一步思考：

一是知识信息的价值形态如何转化为课堂传播中现实的话语存在？在课堂传播活动中，知识信息的价值形态首先为教师所掌握、熟悉和使用，教师是课堂传播信息流向的主导者、把关者，如果教师预先设定和选择的知识信息作为一种价值形态仅仅为教师所有，而不能为学生充分理解和接受，即转化为学生的"价值掌握"，那么，教师的劳动便无法实现其应有的功能，不能发挥作用，教育教学目

的也会落空。其中的关键点在哪里？笔者认为，在于教师如何设计和主导课堂传播的整个矛盾运动过程，这就涉及诸多较为复杂的因素，比如教师自身作为传播者的素质、课堂传播的行为特征与艺术、课堂传播的媒介选择、课堂传播的氛围营造、课堂传播的议程设置、课堂传播中传受双方的互动，等等。从这个角度来说，课堂传播是一个复杂的构成系统和运动过程，真正的"因材施教"等理想化的传播境界，要具体落实到每一个体，体现于课堂传播的每一环节，对教师而言，是富有挑战意义的。课堂传播中知识信息作为价值形态的现实转化程度，实际上就是教学效果的问题，尽管目前对课堂教学效果的评价并非只有唯一的权衡标准，而且对一些已实施的标准也不是人人都认可，但在现实面前，学生的认可度仍然是极为重要的标尺。极为重要并不等于唯一，但只有学生真正学有所获，接受、消化了知识信息，并能够转化为自身的素质与能力，课堂传播才是有效的、成功的。当然，学生的"认可度"也并非只从短期视野内来衡量，往往是一种长期效应，因为不同教师作为课堂传播者，往往有不同的风格与个性，而且其知识的拥有程度（包括数量和质量），与在课堂传播中的输出量之间的比例会因人而异。受到语言表达和思维方式的影响，教师对知识信息的加工改造和传输过程，有极强的主体性。我们平常也见到不少这种例子：有的人拥有极为渊博的知识，甚至学贯中西，古今融通，但一旦走上讲台，则缺乏语言的艺术与传播的魅力，难以达到预期的课堂传播效果。课堂传播中现实的知识形态并不代表教师实际所拥有的知识信息量。当然，反之不一定成立，也不是说有良好课堂传播效果的教师其知识拥有量或少或浅，而是说两者完美统一并非易事，但无疑是最好的。作为教师，应尽力追求两者的完美结合，达到至善至美的境界。学生作为接受者，注重的是什么？可以肯定，课堂传播的现场效应最重要，要看能够从传播的现场接受到多少有效的信息，看能否在生动活泼的传播氛围中让自己有轻松愉悦的接受体验，看传播现场整体上具有怎样的传、受效应及是否具有个人的适应性，因此要从长期效应的层面来评价课堂传播效果，并考察教师的综合能力。教师作为课堂传播的主导者，要将自己所拥有的知识信息的价值形态转化为学生所有，其间的主体创造性取决于教师自身的多种因素，也受到课堂传播媒介的影响，受到接受者素质等个体特征的影响。

二是教师和学生对知识信息的预期怎样才能契合一致？课堂传播场是一个共生的意义空间，师生的思想、情感通过精神交往的方式在此汇合，知识信息也在这个无形的空间聚合生成，从而形成不同的连接点，每个学生作为接受者都与教师形成一条或多条信息通道，课堂的意义空间实际上是由无形的这种信息网形成的，有多少名学生，就有多少条乃至无数条信息通道。作为信息发出者的教师，形成无形的一对多的传、受关系，每个学生的知识需求和个性特质均有差异，其对知识信息的接受也会形成个性化的区别，而"为我所用"的价值取向是主要的，每个学生都会接受到对自己来说是有用的知识信息，都有自己获得知识信息的标准，其接受过程是选择性的，带有鲜明的主体能动性甚至自由性、体验性[1]，因而从这个层次来说，不论是语言符号的传播，还是非语言符号的传播，不论是有声语言的传播，还是无声语言的传播，教师传播的知识对于学生而言本来是带有普遍意义的共用信息，而只有在课堂这个意义平台，经由不同的学生接受后，才会具有个性化的特征。这种个性化的特征是在传、受过程中形成的受众分化与流动。从教师传播信息到学生接受并消化信息，是一个生成的过程，这个过程有长有短，通过了作为接受者的学生及其群体的主体性加工，其联想、想象、判断、分析，是一种对新知识的生成；其辐射性思维、聚集性思维等，则是对原有知识的一种延拓和扩展。正因为这样，每个人的智力水平和思维能力有差异，其社会认知和生活经验有区别，其对知识的接受与生成就会有高下、多寡、快慢之分，经过接受者的主体性改造之后，其知识的质和量也不一样，从学习效率和效果来看，之所以会有区别，这就是其中的重要原因。而不管怎样，作为传播者的教师而言，都要"重视传播谐振律，即教师传递信息的'信息源频率'同学生接受信息的'固有频率'相互接近，两者在信息的交流和传通方面产生共鸣"，"传播的速度过快或过慢，容量过大或过小都会破坏师生双方谐振的条件，从而造成传播过程中的滞阻现象。教师或信息源的传递速率和传递容量，必须符合学生的认知速率和可

[1] 龙剑梅. 体验性：课堂传播中生命主体的精神互动 [J]. 湖南师范大学教育科学学报，2010，9（1）：55-58.

接受水平"。[1] 当然，学生在对知识信息的接受过程中，还会受到一些因素的干扰，比如教学环境的因素、课堂组织的因素、同学之间合作与协调的因素、教师情绪与心态的因素、学习者自身的精神状态与身体因素、教学文本的难易程度等。学生在课堂接受的过程中，每个人对自身的控制情况是各不相同的，对于一个有较强控制力且能排除外在不良影响因素的人来说，自然会平心静气，集中精力，与教师及其信息传播保持一致，建立起快速的信息连接通道；而对于一个自控力较弱且易受外围因素影响的人来说，则会走神、失衡、烦躁，思维钝化，注意力分散，与教师及其信息传播的联系通道建立缓慢或无法建立，有时建立了也会中断，实际上其精神游离于课堂传播场域之外，只有人身置于课堂之中，而精神交往的通道处于封闭状态或者无法激活，其学习效率自然低下。那么，从这样的细化层面来看，教师作为传播者与学生作为接受者之间，其有效的信息通道并不能完全以学生人数来确定，有的学生是"形存而实无"。可以肯定的是，师生之间有效的信息通道越多、越密集，课堂信息的传输往返就越频繁，越活跃，越有生成力，越富有动力机制，课堂教学效果就越佳，也就越能面向全体学生，面向学生的每一个方面。教师作为信息传播者，其最大的注意点，就是要使课堂信息传播具有全面性，要关注到每一个学生，充分调动每一个学生的积极性，挖掘其潜能，发现其优点，引导其自觉投入到学习中来，深情投入到思考中来，从而与教师及其信息传播建立起有效的信息通道。同时要看到，这个信息通道是双向互动、往返回流的。在教师发出信息时，顺向流向学生；在学生接受和消化信息时，会逆向流向教师，即反馈。这种反馈实际上是一种知识提示或心理暗示，给教师起到心理导向的作用：或者是对反馈的信息作出场景性的回答，或者是根据所反馈的信息对自己的传播内容和方式作出自觉的调整，或者从中获取学生接受知识信息的状态，包括正向的状态和负向的状态。这种顺向流动和逆向流动在课堂传播的意义空间交会碰撞。双向互流的信息通道，对师生传受双方都是一种导引和促推，在互流中达到传播优化的目的，特别是较为充分地实现了学生的信息反馈，以此"掌握

---

[1] 陈赞琴. 论课堂上的有效传播 [J]. 宁德师专学报（哲学社会科学版），2007（4）：96—100.

学生的学习状况"，从而"不断地调节教学方式，调整教学方法，修改教学内容，掌握教学节奏"[1]，使知识信息的传播符合学生的认知规律。有时候学生的一个表情、一个眼神、一个动作、一句话，都会悄无声息地给教师一个暗示，在默契中实现对信息传播的调控和重构。教师对课堂传播的调控和重构，最终是为了满足自身更好地传播知识信息的需要，满足学生接受知识信息的内在需求；学生的信息反馈，则是为满足教师和学生自我对知识的表达与接受的需要。需要是一种课堂传播的力源，联结和纠合着传、受双方，促使其排除外在因素的干扰，并推进其不断走向完善而生成新的知识，使"科学世界与生活世界彼此呼应着，和谐相处着，同时创造性地转换着"，"理性之光与生命之光交相辉映，相得益彰"[2]，从而充分实现课堂知识信息传播对学生的契合（至少能在相当程度上具有适应性）。

因而，师生作为传、受双方，其对知识信息的预期在课堂传播场中交会之后，能达到充分理想的契合状态，是师生共同追求的一种生命境界，而在课堂传播的现实场景中，这种预期并非能完全实现，往往会出现不同的情况。可以肯定的是，在课堂传播中流动的知识信息对此有着重要的影响，诸如"教育信息的科学性、系统性和趣味性""教育信息呈现的清晰性与可认知性""教育信息量的合适程度"等[3]，都会直接对师生双方产生影响。笔者从实践者的角度将其概括为或是亲和、吸引，或是疏远、排斥，或是中性、无关这样三种具体状态。

三、课堂传播中对知识信息预期的三种基本教学形态

（一）"亲和""吸引"是一种理想的课堂传播形态

所谓"亲和""吸引"，即达到了双方对知识信息预期的目的，双方是一种肯定性的关系，其传播信息流处于高度活跃状态，是一种理想的课堂传播与教学形态。教师所传送的知识信息对学生而言是有用的，即其价值形态得到认可，因而

---

[1] 柯和平.传播反馈理论指导下的交互式课堂教学方式探讨 [J].现代教育技术, 1999（1）: 11–13.

[2] 曹石珠.和谐课堂教学的内在品质探析 [J].2007（12）: 32–35.

[3] 奚晓霞，吴敬花.教育传播学教程 [M].重庆: 西南师范大学出版社, 2009: 154–155.

具有亲和力和吸引力,学生主动接受和吸纳,并融入自己的知识结构之中。作为传、受双方的师生,能在很短的时间内尽快进入到共同作用的信息场,信息的流动与回返活泼自如,其信息通道畅达,传播效率高,达到最优化的境界。当然,这与传播的内容、课堂的场景和各种因素的调动相关,师生双方的传播需要均在现场得到满足,在"心"与"心"的契合中生成新的知识信息,正如有的研究者所说的,"课堂教学不再是书本知识的简单传递与接受过程,而应该是知识的传播与生成活动"。[1] 因此说,课堂传播是一种生命活动的精神交往,在这种状态下得到了充分的确证。不同的学生作为生命主体存在于同一课堂,对知识信息的需求是同中有异。"同"是指总的趋势和取向,在满足自身需要方面有相辅相成的共同旨趣,其知识价值追求在总的路线上同向共通,平等分享,互为依赖;"异"是指个体的差异,源自不同学生的需求特质及其知识基础定型。在课堂传播中,不同学生的共同需求经过无形而自然的整合之后,实际上与传者的教师以所传送的知识信息为主线形成一种作用的双向关系,变为了两种主体性需要,"在交往过程中,两个主体的需要可能通过交往而相互融合,只要具备以下三个条件:一是相似性,二是互补性,三是彼此相邻。一般地说:主体的相似是形成共同需要的内在基础……需要互补是指当事人之间在满足需要方面有相辅相成之处。邻近则是造成当事人之需要彼此相关的基本条件。关键是当事人都相信:他们所具有的需要是一致的;双方彼此互为肯定性对象;相互联合成为一个整体将给双方都带来好处。"[2] 当学生个体的需要因为趋同而整合为一个整体作用于作为传者的教师时,其需求与教师所传的知识信息在共同的空间因"相似"、"互补"或"相邻"而相互融合,传受双方的信息契合点会不断由面向点地扩展和延伸,又由分散的点而不断地集中聚合,从而弥漫于整个课堂,形成具有活性的信息传播场。作为受者的信息反馈也会自然发生,互相扣住对方,形成共同的依赖性与支撑力。只有在这种信息场域的构建与动态演进中,传受双方处于既合且分、有分有合的自然对接状态,学生之间的需要差异与趋同在互容共生中涨落变化,同一个学生的多种需要也在知识信息的流程中

[1] 谢利民 . 现代课堂教学的理念:知识的传播与生成 [J]. 教育科学研究, 2002(7): 7-10.

[2] 黄鸣奋 . 需要理论及其应用 [M]. 北京:中华书局, 2004: 140.

实现包孕与化合。当师生对知识信息的预期表现为"亲和""吸引"状态时，就其实质来说，就是教师所传播的知识信息契合了学生的需要，是一种至高的课堂传、受境界。这种境界并非每个教师都能达到，也不是每堂课都能如此。这种境界也有课堂冲突，但它是一种合理的、积极的冲突，是课堂传播的活性因子，以此激活师生双方的思维与创造力，在冲突与和谐的矛盾运动中实现新的和谐，生成新的默契。

当然，教师对学生需要的满足并不等于课堂表面的热闹、活泼，不等于在虚夸中博取笑声。课堂信息传播的状态与效果往往从其气氛中表现出来，但必须明白的是，气氛并不能完全决定课堂传播的质量。有的课堂在信息传播中混合着一些笑的"佐料"，而这些"佐料"往往偏离课堂信息传播要求的中心话题，只是为赢得受众的欢心，有的则强化教师自身的形象、身份、权威地位，让受众对之产生威严感、崇拜感，肃然起敬，只是为获取自己在受众心目中的角色地位；有的则在课堂传播信息中掺和一些受到追捧的时政热点话题，在评议和叙说中彰显教师自身"博闻广识"的形象，实则与应该传播的信息内容无关。这些方式或许都会使课堂活跃，甚至充满乐趣，看上去自由轻松，得到学生当下情景里的欢迎，而从长远的效果来看，则会削弱知识的含量，终因缺少思想的力度而很快被学生淡忘，回忆起来好像什么都没有学，只是获得了一种临时的轻松。这种课堂不会是"耐品""受用""令人回味"的课堂。因而，满足学生的需要，必须做到生动活泼、自由灵巧的形式和充实丰富、流畅有趣的内容相结合，在传播内容和传播形式的交结点上生成最佳的课堂效益。

（二）"疏远""排斥"是课堂传播的消极冲突形态

而当课堂所传信息为学生所不接受，或是偏离其兴趣，或是因生活经验方面的差异而出现传、受障碍时，师生双方对知识信息的预期就会出现"疏远""排斥"的状态。

即使是同一个学生，其对知识信息的需求也是多方面的，具有多种动机，"一个学生认真学习可能是为了掌握知识、满足认知需要，为了获得谋生本能、满足储备需要，同时为了报答父母的养育之恩，满足联络需要，仅仅个体需要的相互融合就可能产生复杂的学习动机。如果将群体需要和社会需要都考虑在内，策动人的学习行为的内驱力便更多样了"，即"两种或更多的需要若以相等或相似的地位彼此结合，会使同一种行为或活动具有多种动机，这种行为或活动因此具有更为稳固的内驱力。基于上述认识，在交往过程中促使当事人趋近于或疏远于特定对象的行为可能涉及多种需要。如果当事人所表达的多种需要、所提供的激励都得到了对方的肯定性回报，那么双方关系的增进就有了广泛的基础。反之，双方关系将在众多方面被削弱"。同时，当事人所表达的需要"本身都是合乎常情常理的，它们之间的关系是合逻辑的，同时存在明显的主导需要；要想使多样的激励在传播对象身上实现有效的融合，也有类似的要求"。[1] 作为生命主体的学生，在课堂传播场中，其需要和学习动机允许多样化，但应合乎学习的一般原则，合乎课程要求，合乎课堂实际，合乎教材的规约，合乎班级同学的基本倾向。在通常情况下，教师对知识信息的传播必须具有可接受性和受众适应性，符合知识信息对传播的本质要求和课堂传播的特点，如果学生的求知需求不合理且不贴近实际，那么作为接受者的学生和作为传播者的教师两者之间对于知识信息的预期在课堂传播场域中便会出现疏离和排斥状态。这是课堂传播的消极冲突形态，不仅不能激发生命的激情，而且会在一种精神与价值的冲突中消磨课堂活力，阻滞知识信息的流动通道。如果是好高骛远或者是超乎常人，都可能无法从作为传播者的教师那儿得到肯定性的回报，其心理期望无法实现。"好高骛远"，必定是一种脱离于教学内容之外的妄想，不符合教育教学的目的，有时候也脱离学生自身所具知识的实际状态，是凭激情或感觉所确定的一种目标，带有盲目性，过分突出自我意识而失去对知识结构的公正判断，是无法与教师对知识信息的传播契合一致的。"超乎常人"，则是一种奇思妙想，是学生才情出众，或者对知识预先有一定的积累，其本身是合理的，允许也应该存在，但在传、受之间仍然存在一定距离，教师只能尽力引导和满足其需求，因为一个个体的需求一旦超越于大众群体的整体需求，那么，

---

[1] 黄鸣奋.需要理论及其应用 [M].北京: 中华书局，2004 : 138–140.

就不会站在接受知识的同级水平之上，只能以特殊的方式对其需要予以完全满足，如课后答疑、个别辅导、特长班级等。课堂传播体系不能因几个或者极少数学生的这种过高需求而改变其面向全班同学的传播宗旨，改变其通常意义上的传播内容和传播方式。

在这种状态下，作为传者的教师应予充分考虑的是，在学生个体的多种需求中是否有主导或突出的需求。当出现部分疏离、排斥的情况时，教师应该寻找课堂中明显存在或潜在的这种主导或突出需求。一般而言，一个学生的多样需求是一个系统，必有一个是主导或突出的，教师应优先满足其主导需求。而从作为传播场域存在的班级组织来看，不同的学生作为生命个体其主导需求又会有差异，当各种需求在课堂传播场中汇聚的时候，各个个体的主导需求形成的交集，便是课堂传播整体性趋向的主导需求，形成课堂传播中传、受双方矛盾运动中的主要矛盾，也就是课堂传播力之走向。教师只能以这一主要矛盾为钢绳，满足课堂主导需求。当然，课堂整体性趋向的主导需求并非能全部涵盖所有学生的主导需求，但包括了大部分学生的主导需求，并且联系、关涉着其他学生的相关需求。这样，在课堂传播的矛盾运动和整体的传播场中，便会形成相互影响的需求倾向，包含、集合着大部分学生个体主导需求的课堂整体性主导需求，自然会对其他没有包含在其中的学生的需求进行同化或感化，从而逐步向课堂传播的主要矛盾转化，不自觉地集中到一个主导需求上来。这时，课堂传播的信息具有高度的集束性和聚合性，教师对信息通道和信息生成具有导控作用。当然，不同层次的课堂，从幼儿园、小学、中学到大学，教师在这种导控中所扮演的角色是不同的。相对而言，幼儿园、小学、初中的课堂传播其教师的导控性较强，教师对信息传播最具权威性，这时师生之间的知识差距大，对信息的拥有量也很悬殊，因此教师应始终注意设置议程，激活信息通道，引导课堂走向。而在高中课堂传播中，学生接受知识信息的自主能力明显增强，有了自主学习意识，对知识信息的真假及其价值适应性有了较强的判断力和把握力，课堂的参与度明显提高，教师应该主动与学生进行文化对话，充分调动学生的思维，让其在接受信息的过程中尽快生成新的信息，实现知识信息的掌握、转化，以此引导学生"从文化冲突走向文化和谐"。[1] 在信息通道中与教师的思维发生碰撞的可能性增加，既是一种精神交往，也是一种知识信息传、受的交锋。而且，越是有良好的知识基础、有知识渴望、有学习动力、有学习方法、有思维敏锐性的学生，在知识信息的接受中与教师思维的碰撞就越激烈、越有思想的火花，其精神交往就越频繁、越快速。而大学的课堂传播应该是一个更为开放的建构过程，师生互动是一种深层的灵活的思想交流与信息沟通，其高峰往往更为激烈，更有挑战性，更富于创新意识，教师只导其主流，调控课堂的整体走向，而应充分让学生个体展示其智慧才情，在信息的生成中完成课堂对话，实现生命主体一次次的提升。因此，从主导需要的角度来看，课堂传播所面对的是作为接受主体的学生个体的主要诉求，而又是从全体中取其主流，从整体中取其重点，在满足其主导需要之后再以启发、设问、联想等不同方式延伸至其他需要，从而实现学生个体多种需求的包孕与化合。这样，既顺理成章地疏导了课堂传播的信息通道，又解决了传、受双方所出现的疏离、排斥的情况。

（三）"中性""无关"是一种游离于生命活动之外的课堂传播行为

当课堂所传知识信息缺少实用性，或是一种多余信息时，就会出现"中性""无关"的课堂传播状态。

"中性""无关"作为传受双方对知识信息的预期在课堂传播场中交会之后出现的状态，从效果上看似乎对课堂传播的影响不大，实际上说明教师所传播的知识信息处在一种零接受的冷漠情景之中，师生之间是可有可无、若即若离的关系，教师所传、所教非学生所需、所想。从课堂状态看，学生没有流露反感情绪，也没有表现出不满，但对知识信息并不在意，其注意力和思维集中点已经游离于课堂之外，没有参与课堂的生命活力，师生之间没有建立知识信息的链接通道，因为学生的思维链和兴趣点处于自我运行状态，独立于课堂传播场域之外，指向课堂之外的信息域，形成了单极的信息流程，也就自然失去了与课堂的连接。从其终极效果来讲，实际上也是一种无效传播，是一种游离于生命活动之外的课堂传

---

[1] 谈儒强.试论高校师生文化冲突的和谐之道 [J]. 现代大学教育，2010（1）：18–22.

播行为。从其产生的原因而言，这种状态既有来自教师的，也有来自学生的。从教师来看，最大的可能是所授的知识信息超越于学生的兴趣和基础之上，学生无法理解，并形成了习惯性的思维分散。而更主要的原因来自学生。就学生而言，或是因为整体上对学习知识不感兴趣，属于读不读书都一样的一类；或者对某一门课是"跛腿"，存有无所谓的态度，从而变成一种本能性的不在意；或者是在课堂上因为各种主观或客观的原因而产生了负性情绪，受到干扰，进入不了学习的角色，比如家庭的不幸、个人生活的失意、学习压力的沉重、对未来的失望、一时心情的失落，都能产生这种影响；或者是学习基础不佳，难以适应教师的教学进度，难以接受教师的知识信息，既然消化、吸收不了，就不如想点别的，不如不理不学；或者是学生对某个教师存在偏见，说白了就是不喜欢这个老师，对其课堂也就自然进入不了状态，人在"心"不在地打发宝贵时光。对于课堂传播中师生之间这种"中性""无关"的状态，其改善或改变的主动权依然在教师。教师应该通过各种深入细致的方法，立足当下、放眼长远，突破个别、注重整体，尽力将课堂传播的知识信息覆盖到每一个学生，实现信息场域的优化；应该重视课堂每一个学生特别是其积极性与兴趣点的集中度，激活其自我调节能力，"引导学生通过自我调节来实现对内在价值的吸收。学生越是把自己所处社会环境中被推崇的价值整合到自己的信息体系中，他们就越易实现动机的内化，或自我决定积极的动机行为"[1]，从而将自我融入课堂传播活动之中，转化为对知识信息的"亲和"状态。

"疏远""排斥"也好，"中性""无关"也好，都是一种消极的或带有负性倾向的课堂传播情景，是课堂传播中客观存在的"信息沟"现象，教师应适时恰当地予以调控。当只有极小的一部分时，很可能是接受者自身的问题，诸如知识基础无法跟上、兴趣不在课堂、没有集中注意力、厌学等，而且每堂课都无法完全避免这种情况的存在；而当大部分学生出现这种情况时，很可能而且一般而言就是作为传播者的教师的缺陷所致；当绝大部分或全部出现这种情况时，则说明课堂传播失败，明显是教师的缺陷。其间取决于多种因素的作用，诸如学生的学习态度、

---

[1] 毛晋平，张洁.大学生自主—受控学习动机特点及相关因素的调查[J].现代大学教育，2010（2）：91-95.

课堂氛围的营造、知识信息的深浅程度、教学媒介的选择、课堂话语的表达方式等，都可能成为诱因，而关键的调度和修改者仍然是教师，必须"通过控制课堂教学的舆论环境而激活师生间的交往"，"消减课堂中的'信息沟'"[1]，具体而言，可以"及时获取反映学生学习状况的各种反馈信息以兼顾优劣……打破部分学生的沉默，使其重新参与到课堂交流中来"[2]，可以通过提升自我、修订计划、改变方式、优化内容、激活资源、营造氛围、获取反馈信息、有效掌控传播进程等措施，改进、优化课堂传播活动；可以适时恰切地使用各种话语方式和传播方法，构建民主宽松、心绪交融的意义空间和"能量"交换途径，使各种信息符号及其作用系统处于和谐共存的有序运动之中，朝"亲和""吸引"的理想化课堂传播形态转化和迈进。

[1] 范龙，王潇潇.试论课堂中"信息沟"的形成与消减——以传播和舆论的视角 [J]. 现代教育科学，2008（6）：63-64.
[2] 范龙，王潇潇.试论课堂中"信息沟"的形成与消减——以传播和舆论的视角 [J]. 现代教育科学，2008（6）：63-64.

第六章
课堂传播的功能原则

课堂传播从普遍的意义和共通的价值取向来看，具有自身的原则与方式，笔者拟从对话性、体验性与生成性三个方面予以概括和分析。

一、对话性：课堂传播生命主体能力的直接生成

对话是适应现代课堂传播需要的新型教学形态，是一个多元因素的作用系统，其最终旨归在于直接生成、提升作为生命主体的学生的知识生长力与自主创造力。课堂教学主要依赖话语这一传播媒介得以实现，话语是教师表达思想和学生接受知识信息的重要途径。对话作为适应现代课堂传播规律的新型教学形态，重视学生参与的主动性和师生协作的和谐性，在活泼开放、自由灵动的课堂意义空间与话语氛围中实现学生、教师与教学文本之间的互动与建构，不断生成新的话语信息，并由潜在走向显性，实现课堂话语的增值，形成课堂教学的信息互流与话语体系。"教学的本质是思维的对话，是教师、学生基于课程的思维对话。""经由思维对话，学生得以体验知识的生成过程，知识得以转化为智慧，积极的情感体验得以生发，基本的道德素养得以形成，全面发展的教育目标得以逐步实现。从这种意义上来说，教学就是融入了情感、智慧和德行要素的思维对话。"[1]课堂教学的对话既有深层的，也有显在的，思维对话是一种深层的精神交往与心与心的默契，而当其表现为有声语言时，则在师生平等与自由的话语活动中不断优化课堂教学效益。

（一）对话是适应现代课堂传播需要的新型教学形态

课堂对话传播重视学生参与和师生协作，在活泼开放、自由灵动的课堂意义空间与话语氛围中实现学生、教师与教学文本之间的互动与建构，是作为生命主体的学生生成与提升能力的重要教学途径。"对话是探索真理和自我认识的途径，

---

[1] 徐建敏.教学的本质是思维对话 [J].中国教育学刊，2009（6）：42–43.

是真理的敞亮和思想本身的实现。""教学的本质是思维的对话，是教师、学生基于课程的思维对话。""经由思维对话，学生得以体验知识的生成过程，知识得以转化为智慧，积极的情感体验得以生发，基本的道德素养得以形成，全面发展的教育目标得以逐步实现。从这种意义上来说，教学就是融入了情感、智慧和德行要素的思维对话。"[1] 对话首先是教师和学生之间的平等交流与互相启发，既可以是有声语言，也可以是无声语言，更多的、深层的是心与心的暗示，正是在课堂的自主与师生的平等氛围中实现知识的建构和生成，从而内化为作为生命主体的学生的能力。学生并非被动地处于对话一方，而是主动地接受外界信息刺激，选择、加工、处理和内化知识内容，并不断转化为新的知识板块，在对话中于同一信息加工空间完成对新知识的编码和对旧知识的改造，其共同的意义旨归就是实现生命主体的知识目标并生成为能力。对话是一种教育教学方式，而直接生成作为生命主体的学生的能力则是其永恒追求的目的。

"对话教学是指师生在真正民主、平等、尊重、信任、宽容的氛围中，以言语、理解、体验、反思等对话方式在经验共享中创生知识和教学意义，提升人生品位、境界及价值的教学形态。"[2] 对话包含着各种因素，是各种因素的综合平衡与共同运动，是人、客体、谈话方式、动作、互动、思维、评价、协作、阅读这些方式的社会历史性协作，这种协作能显示并使人认识到自身具有社会文化意义的个人身份。[3] 课堂传播中对话策略的实施必须具有基本的条件：一是教材文本的基础与教学计划的规限。课堂传播中的对话是自由的、开放的，同时又是有所依凭和根据的。前者是由对话的本质特征决定，后者则表明对话得以展开的信息基点。作为教材的文本信息是课堂传播总的信源和传播活动得以展开的始基，是对话的意义空间得以形成的域点和课堂信息流动的依托。而教学计划与安排则是对话的指向和目标，包含了培育学生能力的具体指标，在课堂传播中不能因对话而放弃、丧失教学目标。二是传播的规则。首先要明确传者与受者、对话与讲授的关系，并在双方的信息互动中实现能力的转化；其次是把握对话的预设目标与针对性，避免

[1] 徐建敏.教学的本质是思维对话 [J].中国教育学刊，2009（6）：42–43.

[2] 张增田.对话教学的师生观 [J].西南师范大学学报（人文社会科学版），2005（5）：113–115.

[3] 乔纳森.学习环境的理论基础 [M].郑太年，任友群，高文，译.上海：华东师范大学出版社，2002：65.

形式化的虚假对话、漫无目的的迂回和课堂情绪的失控、虚张，不能仅为课堂的话语流动而抛开教学目标与常规，既要有话语交流的热烈气氛，又要有思想的交锋与心灵的碰撞，引导学生的思维不断地深化与开拓。三是与现实社会生活相联系。现实生活中有无穷无尽的与教材文本相联的活的教学资源，应将其与课堂传播活动相融合，一起予以开掘。传统教学重视刚性预设目标，对话教学重视生成性效果与目标。生成性的效果离不开教师的引导与主导。四是效果的生成与判定。课堂传播中的对话最终表现为作为生命主体的学生的能力的直接生成。这种能力既有现实的、直接的，又有长远的、间接的。前者即学生在课堂传播中对相关问题的正确解答、对所学知识的吸收与消化，是一种现场受益。后者则是通过体认、悟知和内化，将知识信息融入自己的知识结构，形成具有长效的知识力，并最终转化为实际能力。

应该说，作为课堂传播关键构件的课程内容实施和教学设计，为生命主体的知识建构提供了互动的环境与对话的桥梁，推进学习主体建立"情感认同感"基础之上的对话意识，与知识内容互动共生，促使作为生命主体的学生的经验方式不断更新，其情感态度向着在生命活动中形成的"情境图式"和"思维框架"积极靠拢,产生亲和力和互动性。这时教师变为学生生命活动的强劲助推者和支撑力，与学生在合作与协和中完成课堂传播过程。学生对知识内容的接受与消化既依赖于这种合作环境，同时又具有不可替代的独立性。比如，在中国古代文学课堂传播中，教师可利用中国古代文学作品中抒写传统节日的诗词歌赋、吟咏亲情友情的经典名篇来激发学生的学习兴趣，激活学生的学习动机；可利用文学意境传神达意，导引学生进入忘我的审美之境，在自觉而又非自觉的艺术氛围中与社会文化对话，共享具有普适价值的文化情境，从而以其原有的知识经验为生长点，构建开放灵活的知识系统。

（二）课堂对话具有独特的传播功能

（1）课堂对话是具有思维含量、思想深度和逻辑必然性的传播活动，并非停留在简单的问与答，也并非止于显性的言语交流，更多的是一种心理需要的满足、思维空间的构建与知识意义的生成，在连绵不断的有效学习中养育和提升生命主体的能力。

教师的话语及其承载的知识信息沉积、铺展于课堂这一传播平台，通过对教学文本的深入阅读与把玩、独特感受与悟知，积极思考与深入体验，从而使学生在头脑中生成新的知识意义。"要我说"是传统课堂传播的产物，"我要说"是对话视野下课堂传播的自主自觉行为，正是在"要我说"与"我要说"的动态平衡中不由自主地训练学生的语言表达能力、思维运动能力，张扬作为生命主体的学生的自主创造力与知识生长力。

（2）对话是一种课堂传播的艺术，包括教师的话语使用，教学文本的处理，课堂氛围的形成，师生之间心灵的交会、思维的碰撞，学生的自觉度、参与性与对知识信息的接受状态，教学现场的布局等，都会影响到对话的效果，从而制约学生主体对知识的吸纳、理解与消化，延展到其能力的生长这一层面。

教师与学生的对话，必须讲究课堂传播的话语艺术。教师应该根据教学情境的特点、要求，把握学生对知识需求的不同层次，依照教学计划与内容的框架导向，使用恰当灵活的语言技巧，激发、调动学生的积极思维，从而领悟学习方法，提高课堂传播效率，达到教育教学目标。比如，在不同的教育教学场景之中，教师把握学生的兴趣点及其对知识的需求走向，从其知识基础与个性差异的层面使用恰切的提问艺术，巧妙地设置问题，适时地抛出问题，机智应对问题，调控问答过程，活跃课堂气氛，才能充分激发学生主体的求知积极性，在明确的方向引导下调动其探究问题的兴趣，迸发出思维的创造火花，在愉快与享受的学习状态下树立创新意识，培育学习能力。当然，"不应将对话教学视为一种技术性的追求，而应将其视为一条通向自身的回归与人格之境的提升的理想途径，赋予对话以体现自我存在和实现自我价值的丰富意蕴，并从实践的层面，彰显其存在的具体性和真实性"。[1]在艺术性与技术性之间的这种区别，实际上就是对话教学的内涵与表现形式的界限划定，对话策略的艺术性是为了更好地达至课堂传播的深层境地，而非技术技巧的一时逞强。

（3）对话是现代人类的一种生存与生活状态，是一种心灵的沟通，课堂传播中的对话则更是一种深层的带有鲜明价值指向与知识信息设置的精神交往。

---

[1] 刘耀明. 从教学对话到对话教学 [J]. 上海教育科研, 2009（2）: 62-63.

　　克林伯格认为，"在所有的教学中，进行着最广义的对话……不管哪一种方式占支配地位，这种相互作用的对话是优秀教师的一种本质性的标识"，无论作为生命主体的学生与教材文本之间、与教师之间，还是学生彼此之间，学生与人文或物质环境之间，都存在对话的因素，或是在无声的体验与理解中收获，或是彼此敞开心灵人格的精神交流，既包含人际传播的因素，又包括社会传播的内容，还有生命主体与自身对话的人内传播。比如，作为学习共同体成员之间互动和交流的对话，促使其在课堂传播中实现主动学习；对话策略强调和突出课堂传播中的信息反馈，学生随时将自己对某一问题的见解、观点传播给教师，形成密切配合的互动氛围与合作空间。这些都是作为生命主体的学生生成和提高能力的基本条件。

　　（4）课堂传播包含着广泛深刻的社会内容。在以往的课堂传播实践及其研究中，往往注重课堂之内的知识信息这一显性层面，而忽视其无形的与社会文化的深层联系。

　　其实，作为传受双方的生命主体，在课堂传播中必须与社会对话，依凭其自身的经验、体会与优势点同社会沟通。因为"教学一旦将生活中的教育资源与书本知识融通起来，学生就会感受到知识学习的意义和作用，就会觉悟到自身学习的责任与价值，这自然也就增强了他们学习的兴趣和动机"。[1] 与社会的对话实际上是一种合作与协商，是课堂传播的延展。人与社会的对话，促进个体的人向社会的人转化，这点实际上自婴儿期就已开始，形成了个体思维的社会基础和认知工具，但在课堂传播中具有独特的意义，主要表现为以此实现了生命主体与文化世界的共构。社会情境和文化背景是生命主体的学生形成认知和发展能力的重要资源，有利于对知识的理解和意义的建构，从而发展自身知觉能力，在与社会对话中改变原有知觉、体验而获取新的意义值，提高知识学习的主动性、自觉性和责任性，促使其思维和智慧在群体共享与同化的建构空间中获得动力机制，挖掘对知识学习的潜在信念因素，唤起回忆，生成新知。对知识的学习必定与一定的社会文化背景相联系，并在社会情境的拟态化想象与联想中利用原有认知结构与学习经验不断同化当前的新知识，索引既有的知识成果，从而形成新的体验、新的认识、新的意义，构建新的信息空间与知识域。进入生命主体对话视野中的各

---

[1] 张增田. 对话教学实践的问题与改进 [J]. 中国教育学刊，2009（4）：58–61.

种社会因素为其提供发展自我的动力支持与知识的拟态框架，加快其知识的生成与转化，促进学习主体认知的发展。这一过程与教师作为传播者的"问题预定"和"议程设置"密切相关，通过生动有趣、具有一定牵引力与推动力的知识问题，引导学生参与其中。这是在课堂传播中无形而自然地完成的。与社会的对话就是从文化背景、知识基础和人文素质等方面支持和促进作为生命主体的学习动力，重新组构、调整和改变自身的知识信息空间，为其提供生长的后劲和底气。生命主体与社会的对话是学习过程得以开展、认知能够深化的过程，是其自主生长思维活性与生成新的知识内容的过程。正是在与社会文化的对话中，多元无序的外部信息进入主体的思维活动图式或框架之中，与主体的价值体系、信念原则和经验板块发生碰撞，主体既定的知识框架与理性原则在与外界的对话中获取思维活动领域的拟态图景，并发生化合作用，从而融入个人经验视界之中，形成新的信息联系与激活因素。主体在课堂传播情境中与各种社会文化因素的互动，实际上是在对话中实现自身的学习价值，课堂内容因这种对话而具有新的意义，与主体的理解结合为一体，然后步入发展能力的创新之境。

（三）课堂教学的对话策略

对话作为适应现代课堂传播规律的新型教学形态，对中国古代文学教学具有重要意义。笔者以中国古代文学教学为例予以阐释分析。中国古代文学课堂传播的对话策略具体表现为两方面：一方面是通过以对话为中介，不断将文本知识信息转化、生成为学生的能力，在主体与文本的对话运动中有效实现文本价值的"现代"转换，正确把握和消除主体与文本之间的信息阻隔等方式，有效实现主体与文本之间的对话；另一方面则是构建主体之间对话的情境，确保主体之间话语权的平等，从而不断优化课堂教学主体之间的对话。

中国古代文学课程内容丰富，是美的宝库，其丰富的蕴涵、文本的多义和理解的不确定性等，使之具有受众接受的多元性，既能充分满足接受者的"期待视野"，又离不开个体的经验、情感和悟知，"在教学中，应有宏观的如文学史规律、文体研究视角的观照，也应有微观的作家作品的细研微察，并注意宏观与微观的交融并进。从而既帮助学生形成大气浑厚的思维风格，又使学生对知识有很好的经纬缜密的掌握"[1]，这些任务远非教师主导课堂就能圆满完成，而应该有师、生充分而灵活的互动，因此在大力实施素质教育、培育学生创新精神与创造能力的时代语境与教育环境下，中国古代文学课堂教学引进对话策略具有重要的意义。其一，这是中国古代文学课程本身的呼唤。中国古代文学是中华民族文化精神的代表，是经过时代淘洗和读者选择之后的文化精品，饱含着丰富的社会人生底蕴，对于提升学生的人文素养和审美精神具有十分重要的意义。可以说，在中国古代文学课程教学中，无论是知识的生成性还是生命个体的体验性，都无法脱离课堂内的多维对话与沟通而单独实现。正是在对话中，学生不断达成动态的逐步递进的学习目标，既以此实现自身的学习价值，也正是能力培养的生成过程。其二，这是改变中国古代文学课堂教学现状的需要。从学科发展看，中国古代文学是最为典型的传统学科和基础学科，在长期的教育实践中形成了稳定的课堂教学模式，往往是以教师讲授为主，学生以知识的获取为目标，互动性和参与性不够，更是缺少质疑精神、批判意识和时代感。传统意义上中国古代文学课堂教学的乏味，正在于学生作为生命个体的参与度不够，对各种课堂因素特别是文本内容缺乏适当而有力的激活，没有生动的知识信息传播过程作为支撑。其三，这是优化中国古代文学课堂教学效果的新路径。"对话教学是在民主平等、尊重信任的氛围中，师生之间、生生之间彼此相互理解、相互合作、相互对话，在经验共享、双向互动交流的过程中创生知识和教学意义，从而促进师生共同发展的教学形态。"[2] 在中国古代文学教学中引进对话教学的策略，确立共同的目标和话题，平等参与、真诚交流，充分调动各种课堂传播因素，构建共通的意义空间，从而"在开放、动态的环境中，通过教师、学生、书本之间的对话实现知识的掌握和创新"[3]，提升审美体验，生成文化感悟，促进知识建构的逐步完善和学生人格精神的不断提升。

1. 主体与文本之间的对话

在课堂教学中，作为生命个体的师生与静态的古代文学文本之间必然会发生各种不同的联系，通过阅读、阐释、传受等活动进行一定程度的对话，以灌注生

---

[1] 潘晓彦. 课堂教学效果应具有生命意义——以中国古代文学教学为例 [J]. 黑龙江高教研究, 2009（1）: 158–159.

[2] 张豪锋, 王小梅. 基于对话教学理论的课堂学习共同体研究与设计应用 [J]. 现代教育技术, 2010（2）: 46—50.

[3] 张豪锋, 王小梅. 基于对话教学理论的课堂学习共同体研究与设计应用 [J]. 现代教育技术, 2010（2）: 46—50.

气的情感激活教学内容，生成具有现代意义的信息链接。从某种意义上说，这是课堂活动主体与古代文学中的历史人物及其思想意识、文本的内在美质之间的沟通对话，是今人与古人的对话，是作为接受者的读者与作者的对话，是读者与历代鉴赏者、阐释者、评论者的对话。因为今天对中国古代文学作品的理解，离不开其意义的历史性生成，离不开作品的接受史、阐释史和审美史，因为正是在不同的历史时空和阅读语境下，不同时代条件与主体因素之下的读者与阐释者，即使对同一作品也会有一些不同的理解与相异的感悟。在这种逐步深化、延展而又连成一体的理解过程之中，作品的意义世界和审美内质随课堂话语空间的延伸而不断得到拓展与完善，形成一种理解的思维之流与意义之流，在动态的话语生成中形成某一作品的接受史。因此，教师有必要创设与之相适应的课堂情境与传播氛围，引导学生自主进入与文本、作者的对话活动之中。这正是学生知识生成、认知拓展、情感体验和审美欲求表达的开始，学生的自主阅读与理解能力在这一过程中逐步得以提升，文本内容也在与课堂传播主体的适切性运动中彰显现代意义。其中至少有以下三点应予以重视。

（1）以对话为中介，不断将文本知识信息转化、生成为学生的能力。中国古代文学课程所选讲的名家名作，是传承中华文明的重要载体，是长时期历经各种考验之后积淀下来的精神财富，具有跨越时空的意义和无以穷尽的阐释价值，是对学生进行文化素质教育和培养综合能力的典型文本，是渗入学生心灵深处、激发其生命潜质的最佳养料；其教学是一个动态过程和生成系统，从文本知识信息转化为学生的能力，经历一个质的提升过程。任何经典对于读者而言没有理解的终极，只有在接受和阐释中永恒延续，在不同的时代背景与文化消费语境下，读者在与文本的对话与再创造中不断去除其对意义的遮蔽，敞开审美之境，挖掘意义空间，生成新的活性因子，从而实现文学的传播价值，动态延续文学阅读史的构建。课堂教学中的对话，就是对文学经典价值生成的一次又一次激活，就是生命主体在吸纳文学审美信息、接受其人性熏陶中将知识转化为能力，从而传承中华文化，张扬民族智慧，观照文化心理，锻铸精神品格，锤炼具有历史纵深感和文化厚重感的思维方式，在现代文化语境中强化民族认同与自信，实现文化价值和创新精神的提升。比如，在中国古代文学作品中蕴涵以"仁义礼智信"为重要内容的中华传统美德，具有浓厚的文化底蕴和深刻的精神意旨，是人们普遍遵循的最基本的道德原则和规范，作为生命主体的学生在学习、吸纳后，经过心理感悟和品味，经过生活践履和创新，就可以融入自我道德体系与价值观念之中，并内化为实际的能力素养。这就是对话教学的创造性品质所在，"意味着教学从传递知识到生成知识的转换，体现了教学的创造性追求"。[1] 因此，中国古代文学的课堂对话，通过影响人的个性特征、价值观念、心理倾向和思维方式、人生坐标，在与时代对接和生活的交互转换中，既延续、传递文本的精神意旨，又对之进行改造、创新，在代代相承的文化互生系统中生成新的文化基因和生命潜能，在历史价值与当下形态的不断延续中转化为一种人生体验和精神涵养，构建价值观念，提升人格境界，完善自我品性。

（2）在主体与文本的对话运动中，有效实现文本价值的"现代"转换。作为传播活动的课堂教学的目的，并不在于对既有知识的把握，如此的话，古代文学课堂传播将毫无创新性可言，对于学生能力的培养也仅止于背诵功夫和记忆能力，而是以既有知识为思维活动的立点，将文本信息予以现代意义上的延伸和拓展，并紧密结合相关的社会知识、文史背景、生活体验、个人感悟、人生思索等，引导学生主动介入文本，拷问古代文学在现代媒介、文化消费浪潮与日盛的读者浅阅读现象冲击下的存在状态，探究古代文学对现代综合创新的复合型人才成长的作用，把握古代文学对现代新型人才写作能力提高的启示，对古代文学在新的文化背景与时代条件下的发展特点与规律作出新的评价与品鉴。如此，学生的思考能力、审美能力和认知水平得以全面发展，古代文学学科在教育教学中的地位，在学生成长、社会文化发展中的作用也得以彰显，从而形成内外兼容的新的意义空间，从而在对其蕴涵、价值理念、审美旨归之现实意义的借鉴中，实现古代文学作品价值与意义的现代转换。另外，古代文学课堂教学中对话策略的进一步延伸，就是立足于现实生活对其价值理念及其意义的终极性追问，在古今对话中拓展其意义空间并不断生成新的文本意义。教师通过教学语言引导学生对自身生活状况与人生状态予以思考，对照古代文学课程内容所体现出的价值理念，观照学

---

[1] 陈庆晓. 论对话教学内涵、基本类型及特征 [J]. 长春理工大学学报（高教版），2009（5）：155-156.

生作为生命个体的存在状态和现代人的价值走向、人生追求，并通过课堂传播活动主体不同形式的交流与对话，满足生命主体的全面发展需求，从而实现课堂传播更深层次的意义——从话语表层结构及其意义阐释到文本深层意蕴旨归的终极性追问，从教育教学话语的传播到人生价值取向与生命意义的渗透和相互影响，这就是由课堂传播所表征出的深层对话。

（3）正确把握主体与文本之间的信息阻隔。中国古代文学的文本是一种开放的存在，也是一种固定的知识信息载体；是一种现实的存在，也是一种历史的存在。在课堂教学中，主体（不管是教师还是学生）对文本的接触都需要一个过程，而这个过程往往存在一定的信息阻隔。当然教师具有长期的知识储备和教学准备，与文本的对话具有潜在的优越性，阻隔会缩小到最低程度，而作为新的知识信息，学生与文本之间的对话可能会存在信息阻隔，学生在对文本知识信息的接受中则往往存在疑惑和不解，阻隔不可避免。特别是教师对文本内容的处理及课堂话语传播状态，直接影响到学生与文本的对话关系，其间教师对这种阻隔的消除起着关键的导引作用，应该充分把握学生的知识基础与受教育程度，了解学生的需求与兴趣，从而对文本所呈现知识信息的难易程度合理布局。正如有的研究者所指出的，"在学生正常的接受能力下，课堂传授的知识，其难易应是以合理的比例分层次的——有的在听的同时能领会，有的需要教师加强解释才能接受，而有的则在课后继续学习、回味才能理解，甚至有的学生毕业若干年后才解悟奏效。所以，教学中暂时的'接受隔阂'恰留给学生日后更多的反思收获。可以说，对课堂授课内容的接受，是一个复杂的消解过程，只有经得起磨砺的课堂教学，才能具有不息的生命价值效果"。[1] 因而，课堂教学中的知识阻隔、接受阻隔和话语阻隔，一方面是作为接受者的学生不断迈向新的知识高点、提升自我的平台，另一方面如果阻隔太密闭，则可能导致其丧失信心和动力，作为教师应及时予以把握并尽力消除，或将其降低到学生可承受的程度。

2. **主体之间的对话**

主体之间的对话就是指课堂教学中传播主体即教师与学生、学生与学生之间的对话。在课堂教学活动中，教师享有着同样作为生命个体存在的角色，依乎教

---

[1] 潘晓彦. 课堂教学效果应具有生命意义——以中国古代文学教学为例 [J]. 黑龙江高教研究，2009（1）：158–159.

材的始发信息源传播知识信息，实际上处于信息运动的主导者、把关者位置。换句话说，教师与学生有着同样的生命发展诉求，两者处于平等地位，是一种民主而体现各自作为生命主体存在的个性化协作。同时，"要求教师对学生的认知策略和认知水平有全面的了解"[1]，以更具传播的针对性与适应性。两者的不同之处在于，教师是对话活动的引导者，是教学过程的主导者，其重点在于引导学生进入对话状态之中，引导学生从知识信息中实现对于自身生命发展的自主追求。

（1）主体之间的对话是在一定的情境中完成的。话语作为课堂教学的直接中介，具有丰富的表意功能，往往在流动中形成生动的情景和意义丰富的话语场。"对话不仅是教育交往的方式，而且也是教育情境，在对话中，教师和学生都为教育活动所吸引，他们共同参与、合作、投入和创造相互交往活动，因此对话不仅仅是指二者之间的狭隘的语言谈话"，"更多的是指相互接纳和共同分享，指双方的交互性和精神的互相承领"。[2]无论是有声的显在的语言，还是无声的深层的精神交往，师、生在课堂对话中都会在一种语言的互对、心灵的交会、思想的碰撞中，为特定的情景所感染和同化，其间教师应充分认识话语情景构建的意义，有创设教学话语情景的主动性和积极性，因为"在课堂教学中，合理创设情境，不仅能够激发学生学习的兴趣，帮助学生理解教材内容，加深印象，提高教学效果，而且能唤醒学生的认知系统，拓展思维，成为学习的主人"。[3]中国古代文学课程教学，师生的交流与对话通过知识生成、情感互动、心理呼应、审美形象建构等多种途径得以实现，教师通过古代文学诸如作者生平、作品解读、审美意境、创作规律、文学批评等课堂主题或专题创设话语传播情境，其间"强烈的形象性和感染力与中国古代文学常讲的意象与意境更有颇多的相通之处"[4]，在引导学生与老师或学生与学生之间进行课堂对话、实现彼此交流的同时，学生对于课堂之中自身的身心发展需求、知识价值取向等，便会有较为清楚的认识与把握，学生的情感表达能力、审美活动能力和思维判断能力，都在这一过程中得以发展，真正契合课堂教学目

[1] 许瑞. 对话教学的结构元素 [J]. 广东教育，2003（9）：20.

[2] 金生鈜. 理解与教育——走向哲学解释学的教育哲学导论 [M]. 北京：教育科学出版社，1997.130.

[3] 霍雅娟. 论信息时代的中国古代文学教学 [J]. 教育与职业，2009（26）：129–130.

[4] 高方. 双重文化视域下的中国古代文学教学 [J]. 黑龙江高教研究，2009（11）：178–180.

标并使之得以实现，从而"打通从现代重返古代的时光隧道""寻找时间两端的民族思想契合点""缩短当代人与古代人之间的思想距离"。[1] 在课堂传播情景中，"教师应该是知识的权威，但不应以居高临下的态度去讲授知识或以挑剔、审视的眼光去面对学生，而应该是在解疑释惑的过程中与学生进行平等的学术交流和沟通，为学生创设快乐的学习氛围"。[2] 这种情景和氛围的创设正是通过对话得以完成的，教师借以引导学生逐步展开并不断深入对相关问题的思考和领悟。显然，这实际上是培养、凸显和实现学生针对教师课堂教学中一些具体问题的"质疑意识"，是教师依赖于课堂文本这一基础，围绕师生互动中发现的问题或学生主动提出的疑问，通过设置课堂主题而实现的。教学传播过程中课堂内部的对话性，始终是在文本、师生主体之间等多维平台开展的，既应突出教师作为"传播者"的主导与引导作用，又要激发和发挥学生作为接受者的质疑和批判意识，使学生作为知识信息的接受者和消化者，重新组织自己的知识结构，具有直面问题和探究知识的勇气，提高文学的鉴赏力，具有将文学现象上升到理论层面的批判思考能力，实现个体的最大化成长。

（2）主体之间的话语权是平等的。"课堂上对话的话语权主要表现为掌控权、移交权、获取权"[3]，对于师生双方而言，各种权利应该都是平等的。课堂传播话语权的主控者是教师，话语的展开方式、话语权的流动、话语时间的把握等，都在整体上由教师安排。作为教师，要充分考虑学生对话语机会的拥有，合理布局课堂话语；作为学生，则应有话语自信，主动与教师交流，并形成课堂活跃而有序的话语场。"平等"本身就是对话精神的内涵[4]，教师不能凭自己的身份和地位而产生话语霸权，对学生的发言特别是一些质疑予以忽视、漠视甚至压制，这样就无从谈师生之间平等互动的合作关系。至于话语权如何在学生中有序流动并达到传播的目的，如何引导学生的话语表达并合理设置话题、合理安排时间等，都有赖于教师的艺术化处理，这也是其教学能力的一种体现。由于中国古代文学的文言文特点、内容理解的难度、时代与社会背景的差异等原因，在学生的话语表达中，

[1] 高方. 双重文化视阈下的中国古代文学教学 [J]. 黑龙江高教研究，2009（11）：178–180.

[2] 霍雅娟. 论信息时代的中国古代文学教学 [J]. 教育与职业，2009（26）：129–130.

[3] 黄伟. 教学对话中的师生话语权——来自课堂的观察研究 [J]. 教育研究与实验，2009（6）：41–44.

[4] 童顺平. 论对话教学的课堂重构—基于对话精神的探究 [J]. 漳州师范学院学报（哲学社会科学版），2009（4）：134–136.

可能存在各种复杂的心理与状态，如缺乏自信而产生胆怯心理，急于表达而情绪激动，问题尖锐而形成交锋，偏离主题而导致冷场，过于自我表现而难得认同，等等，均应由教师适当予以把握，以话语为主线对课堂整体情绪与场景进行有效控制，既充分鼓励学生大胆参与，又做到有条不紊、条理井然，在话语权的流动与话语的交锋变化中形成课堂传播场。学生拥有话语机会，教师调控话语传播场域，课堂就会充满生机活力。同时，在中国古代文学课堂教学中，由教师与学生双方特有的角色定位和课程的特性所决定，教师在话语表达和内容选定上有框架，学生往往将教师的话语当成指挥棒和展开思路的线索，跟随教师的话语进行联想和想象，其对话语权的把握一般在教师之后，有时还是由教师有计划予以安排的。但教师的主导性也不等于"一言堂"，教师的话语必须是聚合性的，即在主导课堂传播的同时，能对不同的学生个体形成聚合力，将学生的思路大体扭结在一条主线上，使其分散的思绪具有相对的集中性，沿着教师的思维主线进行放射和展开，在聚合中实现平等。这样，既能使课堂教学有明确的方向和思维总纲，同时又能沿着主线形成思维张力。这种没有反馈的课堂传播，实际上是一种沉闷的"一言堂"，没有现代性和民主性。"对话是持续的，没有终点的，对话的过程是开放的、动态的。对话教学就是在动态开放的环境中通过教师、学生、文本之间的对话来创造新意义，生成新意义。"[1]没有话语的平等，"对话"教学就无从谈起。中国古代文学的课堂传播正是在各种教育教学因素的相互作用与共同推动下，生命主体在历史时空与现实立场的交会中，在古代文学作品意义的生成与创造中，超越自我，提升能力，实现学习目标。当然，课堂对话"与课堂上热闹肤浅的'你来我往'无关，更与浮躁的作秀无关。课堂的效应不仅在于给学生必要的知识，更在于指引学生如何智慧地学习、创造。真正的课堂互动是心灵的触动、生命的惊觉……"[2]因而，话语权的平等实际上是课堂教学对话中精神人格的平等。

二、体验性：课堂传播中生命主体的精神互动

从师生作为生命主体的存在形式及其发展需求来看，课堂传播有赖于师生以

---

[1] 沈小碚，郑苗苗.论对话教学的时代特征 [J].西南大学学报（社会科学版），2008（3）：142-145.

[2] 潘晓彦.课堂教学效果应具有生命意义——以中国古代文学教学为例 [J].黑龙江高教研究，2009（1）：158-159.

生命主体的精神互动为基础的体验性教学。中国古代文学课程丰富的体验性要素为课堂传播中生命主体的精神互动提供了充分的信息资源，通过课堂情感、想象和审美空间的营造，课堂教学在师生的精神互动中得以实现传播动力机制的构建、传播平台的打造和传播目的的达成，师生主体生命发展得以充分确证与实现。

现代教育理论认为，课堂教学是师生之间丰富生动的交流与对话过程，知识正是依此得以传播，并内化于作为受者的学生个体生命之中。从这个角度看，"课堂教学不再是书本知识的简单传递与接受过程，而应该是知识的传播与生成活动。从宏观上来说，课堂教学过程中的知识传播与生成过程，可以简单地概括为：'"学科教材的知识——教师的知识——学生的知识'这样一个过程。"[1]可见，课堂教学活动意味着一个完整的传播过程，教师作为传播者发挥着知识引导作用，学生则作为受众，接受并反馈来自教师传播的信息，其间也受到社会文化环境和课堂整体氛围的影响。显然，上述课堂传播过程并非单向度的，师生共同作为富有生命意义的主体而存在于课堂，共享知识、情感、思想碰撞与心灵交会等课堂要素，课堂语言、传播技能、现代教学手段则成为师生交流与对话并进而实现课堂传播效果与意义的有效媒介。

在具体的教育教学实践中，以课堂讲授为主的传统教学方式客观存在并产生了难以克服的负面影响，理应由课堂双向互动传播而展示的学生对于内容理解、情感意蕴、审美意义、知识能力的追求，由于传播手段和媒介运用的单一化，过分强调教师课堂教学逻辑的严密性、知识的理论性和体系性，课堂传播沦为单向性传播，师生作为生命主体的发展需求无形中被扼杀。"传统的课堂教学的不足之处在于只完成了传播过程的单向传输，而淡化甚至忽略了学生的具体要求……教学效果自然不理想。"[2]究其原因，是传统课堂教学忽视了师生作为生命主体动态存在的一个基本点：对于课堂体验的渴求。因此，在一定意义上，课堂传播的过程，就是生命主体的体验性活动过程及在此基础上实现的精神互动。笔者从中国古代文学课堂传播切入予以分析。

---

[1] 谢利民 . 现代课堂教学的理念：知识的传播与生成 [J]. 教育科学研究，2002（7）：7–10.

[2] 柯和平 . 传播反馈理论指导下的交互式课堂教学方式探讨 [J]. 现代教育技术，1999（1）：11–13.

中国古代文学课程具有丰富的体验性要素，为满足上述课堂传播过程中师生的体验需求提供了信息资源与借鉴意义。无论是栩栩如生、感人至深的人物形象，千回百转、荡气回肠的文学典故，还是引人入胜、让人流连忘返的审美意境，错落有致、精致优美的文本结构，都为改变传统唯理论、唯讲解的课堂模式，引导学生进入充满感性形象并充分想象、联想和开展创造性思维的课堂情境之中提供了共通的话语空间与意义指向。教师通过传播作家经历、创作过程、人物形象、文学典故、文学意境、表达形式与审美构件等生动活泼的文学要素，激发学生兴趣，吸引学生参与，为课堂渗入了思维的活性因子。这样，课堂不再只是教师的独角戏，传播活动得以在双向甚至多向维度展开，以体验激活生命主体意识，从而构建课堂传播空间，实现课堂精神互动。

（一）课堂传播动力：营造情感空间，激发主体活力

在传统教学模式下，古代文学课程中的体验性要素并没有充分得以挖掘和利用。由于缺乏对学生作为精神个体存在的关注，课堂活动主体的生命体验无从谈起，因而当前古代文学教学活动情感匮乏、教学沉闷等弊端也就难以避免。"教师常常沉浸在自我陶醉式讲授，缺乏在传授科学知识的同时渗透给学生正确的人文知识和社会情感；甚至有些教师是为了机械地完成教学任务而进行教学活动，根本不重视情感因素的作用。"[1] 如此，课堂传播者和受众都缺乏完成课堂传播过程的激情和行为也就不足为奇。

改变这一弊端，从师生作为生命个体的角度来说，课堂传播的有效进行有赖于主体情感渴求的激发。"无论是教学目的的确定还是教学途径和方法的选择，都必须基于学生的情感和思维状态"。[2] 师生主体的传播和接受欲求，只有在一定的情感氛围之中才能得以有效开展，换句话说，恰当的情感氛围是课堂传播中主体精神互动的动力所在。因为"课堂教学并不只是'纯认知'过程，而是认知和情感相互影响、相互制约的过程"。[3] 古代文学作品经过了漫长的历史沉淀与读者淘洗，

[1] 张绍波. 高校课堂管理情感问题分析 [J]. 黑龙江高教研究，2006（3）：48–49.

[2] 陈之芥. 论教学语言技巧的基本类型 [J]. 中国教育学刊，2007（5）：63–65.

[3] 程功. 论情感在课堂教学中的功能 [J]. 高等师范教育研究，1996（3）：63–66.

有着强烈的情感色彩。作为生命主体的学生在审美想象空间中完成知识的自我建构之后，需要一定的情感表达，这种情感表达一方面成为与教师沟通并作为受众获取知识信息的动力，另一方面，也使学生在主体情感被激发的情况下，反馈信息，使课堂传播达成双向有效性。因此，依赖于在体验中实现精神互动的课堂传播，需要情感空间的营造。

首先，关注个体情感表达需求。学生的古代文学知识与功底因人而异，甚至差别性较大，因而在对古代文学的文本阐释和理解过程中也会出现各自不同的自我想象和知识构建过程，因此，个体的情感需求也会在生命主体差异的基础上因上述不同而有较大区别。古代文学课堂教学中，教师作为传播者应敏锐把握、认真分析这种差异，根据学生个体情感的不同而采取不同的语言传播策略，那些"有助于确立交往主体间平等关系的语言""有助于交往主体传情达意的语言""有助于增进彼此相互理解和信赖的语言"，应受到重视，"使知识信息与情感、意志等非认知成分共同融入课堂交往之中，形成知情交融的交往模式"[1]，尽可能地激发每个学生的情感欲求，以达到最佳的课堂传播效果，真正做到利用古代文学本身丰富多彩的情感因素，满足个体的情感表达需求。

其次，畅通情感表达渠道。古代文学课堂，师生情感表达渠道是多元的。在教师以文本为媒介的传播活动中，古代文学作品中文人雅士的坎坷生平、豪迈情怀，往往能激起师生的强烈共鸣，在反观自身的生活与经历中激发起学习和进取欲望，使师生作为生命主体充满了营造课堂情感空间的动力和能量；在教师以课堂结构本身为媒介的传播活动中，教师满怀情感的引导、学生受古代文学知识感发而生的情感诉说，都能促进师生进行深度沟通，拉近师生之间、师生与文学形象之间的心理距离，精神主体以情感为途径的互动，使课堂情感空间的营造得以实现；在以教学效果反馈为媒介的传播活动中，学生个体情感以文字、言语、思想交锋等多种途径的反馈、舒张、表达，使课堂传播活动改变单向模式，从而真正实现知识在师生中的互动，课堂情感空间营造的目标得以实现。这一过程，也正是学生知识获取、巩固和提升的关键。

[1] 查啸虎.课堂交往：现实偏误及其矫正 [J].中国教育学刊，2008（9）：52–54.

最后，重视情感寄寓效果。学生作为课堂信息的接受者，在欣赏文学作品，领悟文本内容，感受艺术形象，把握篇章结构，并不断对此予以转化与消化的过程中，往往会产生强烈的情感共鸣与心理体验，并在现实的对应物或场景中寄寓自己的情感，寻找情感表达方程式。这时就会进入学生个体生命意识得到张扬与表征的课堂传播阶段，学生作为生命个体会寻求信息的反馈，将自己的情感体验等与教师交流，与同学讨论，以求得一种心理认同与平衡。在这一阶段，教师应该尊重学生的这种情感寄寓心理，"通过能满足传播对象需要的传播内容，提供肯定性刺激，运用积极的、正面的传播手段，尽量避免产生否定性刺激，以满足传播对象的需要"[1]，不仅要理解学生，而且要予以现场引导，深化学生的情感活动，明确其对问题的理解，构设共同的情感共鸣与生成空间，以实现个体精神的互动。"教师对学生的赏识，不仅提高了学生的积极性，增强了课堂传播的效果，而且还影响了学生的智力和个性发展"[2]，正因为如此，重视学生的情感寄寓效果实际上就是对课堂传播活动中生命主体精神互动的内在导引。

（二）课堂传播平台：创设想象空间，适应主体差异

当师生作为生命主体的表达欲求被激发后，教师便应为课堂传播活动营造师生精神互动的基本场域，以满足生命个体自由发展的需求。显然，这有赖于想象空间的创设。

中国古代文学课程因其形象的丰富性和历史的延续性，具有满足学生体验生成的基本条件与诸多优势，即学生能通过师生共同创设的想象空间，张扬自身作为生命主体的想象能力。课堂想象能力的形成和张扬，正是学生进入课堂情境，师生交流对话的基础和前提。这一过程的实现，以课堂阐释活动为途径。

课堂教学活动中，教师通过文本阐释，引导学生积极参与文本意义的获取，引发想象，分享知识，获取能力。"课堂教学与人类的解释活动存在着密切联系，是教师通过解释文本帮助学生生成文本意义的解释活动……课堂教学的文本解释特征对当前教师教育提出了三点启示：关注学生理解的'前结构'；运用多样性的

---

[1] 刘良初.课堂传播效果研究 [M]. 长沙：湖南人民出版社，2007：149.

[2] 刘良初.课堂传播效果研究 [M]. 长沙：湖南人民出版社，2007：174.

教育学话语表达式解释文本意义；在传递知识与满足学生的精神需要之间保持张力。"[1] 关注学生理解的"前结构"，是教师的阐释活动发生前，对学生课堂想象力生成所需知识储备的了解和掌握程度，是对学生古代文学知识及相关知识点掌握程度的把握，这是教师作为传播者进行教学活动的先在条件。在此基础上，教师运用一定的语言策略，引导学生参与阐释活动。要在"传递知识与满足学生的精神需要之间保持张力"，就是要在课堂传播中发挥主体的能动作用，即需要想象力发挥作用。通过对古代文学文本知识生动、丰富的阐释，实现知识的传播和接受者对知识的吸纳。但显然，作为体验性教学，教师不能纯粹依靠阐释，否则，学生的想象能力仍然无法彰显，课堂教学也就不能摆脱传统模式的束缚。只有在阐释的基础上，教师通过引导学生发挥想象力，才能有效调节传递知识与通过想象满足自身精神需求之间的"度"。

因此，中国古代文学教学中想象空间的建构，在某种程度上，意味着课堂阐释空间的建构，具体策略有三：

首先，教师把握住古代文学文本与课堂生命主体知识基础之间的间距，激活想象的动力。教师作为传播活动的发起者，关注学生课堂理解的"前结构"是把握古代文学文本与课堂生命主体知识基础之间间距的关键。显然，作为差异性个体而存在的学生，对古代文学文本既有知识的把握是有限且存在差异的，如何调节并采取适当的传播策略，调整主体对于文本知识的想象性需求，是营造课堂想象空间、进而实现有效传播的前提。因为如果过分拉大古代文学文本与生命主体既有知识基础之间的间距，学生的想象就无法跨越与适应，所谓的动力和求知欲求也就无从谈起；如果古代文学文本与生命主体既有知识基础之间的间距太小，就达不到引发主体想象的要求，课堂传播也会同样因知识的陈旧而沦为伪命题。因此，想象空间的营造，需要教师通过动态地调节这一"间距"，既引发学生想象，又不至于使其望而生畏、无所适从。

其次，教师通过把握课堂整体知识结构与学生需求之间的间距，营造想象的基本场域。课堂想象的完成，与课堂整体知识结构契合一体。古代文学课堂知识

---

[1] 孙平. 课堂教学与文本解释 [J]. 高等教育研究，2007（5）：66–71.

是包括古代文学作品、文学史、文学评论等的一体的整体结构。因上述主体知识基础的差异及对于古代文学文本知识想象的差异，教师需要通过把握课堂整体知识结构与学生知识需求之间的间距，来满足学生发展需求。横向来看，通过合理把握学生的感性体验需求与对于作品感性意蕴之间的间距，使课堂知识传播在作品的感性想象层面得以完成；纵向来看，通过合理把握学生的历史感与古代文学"史"的知识之间的间距，使课堂知识传播在古代文学的历史想象层面得以完成；更进一步，将上述两者结合，通过合理把握学生理论能力与古代文学理论之间的间距，使课堂知识传播在古代文学理论想象层面得以完成。当然，上述课堂想象活动的完成，并非在时间先后序列上进行，而是与师生主体精神追求、课堂传播活动紧密联系在一起的。

最后，教师通过把握课堂教学动态目标的实现与学生想象所及程度之间的间距，达成想象的基本目标——知识的自我建构。通过想象得以完成的师生共同经历的精神体验，伴随着课堂教学活动的进行而不断发生。显然，课堂传播的有效进行，依赖于教师作为传播者不断根据师生主体情感需求及状态变化，及时调整局部的教学目标，将其纳入学生想象所及范围之内。"教育是存在之交流，是人与人精神契合、文化得以传递的活动"[1]，就古代文学课程来说，应该遵循从文学作品到文学史再上升到理论层面这一逻辑顺序，引导学生通过想象完成知识的自我建构，在实现师生互动的同时达成课堂教学的知识目标。

（三）课堂传播目的：构建审美空间，追寻主体价值

课堂教学在满足学生知识需求的同时，同样应以关注学生作为生命个体的审美诉求和价值追求为目的。古代文学学科蕴含着丰富的审美因素。既通过对中国古代文学作品的欣赏，满足感官上的审美要求，也可培养学生的个体审美意识和民族审美感。[2] 因此，教学过程中对审美现象的关注、对师生生命个体审美诉求的释放和满足，在影响课堂教学效果的同时，直接影响到师生作为生命主体的整体发展。课堂传播中，要表现适应主体发展的审美价值和社会文化意义，就必须在

[1] 徐建敏. 教学的本质是思维对话 [J]. 中国教育学刊，2009（6）：42–43.

[2] 王馥庆. 中国古代文学教学的审美教育功能刍议 [J]. 中国成人教育，2007（3）：156–157.

课堂教学中营造审美空间,为主体的价值追寻创造条件。

首先,确认审美需求,这是营造课堂审美空间的前提。古代文学作品、文学形象、古代文人的人文情怀,本身就蕴含着丰富的审美元素。传统的古代文学学科教学中,作为传播者的教师往往忽略了发掘蕴涵于文本之中的审美因素,导致作为生命主体存在的学生无法在课堂中获取美感,无法在审美体认中开阔视野、培育素质、涵养心灵、完善人格。从人的身心发展角度来说,审美需求的满足、审美体验的获取,是满足人身心解放和自由全面发展的一个基本标志。因此,课堂审美空间的建构,应从确认学生的审美需求入手。在对学生知识储备、思维动机、情感状态和心理特质有所把握的基础上,确认学生对于中国古代文学课程审美意蕴的追寻向度和需求程度,从而适时调整教学策略。根据学生个体不同的审美需求,教师从不同审美要素出发采取不同的传播策略,确认学生作为生命主体的审美需求。

其次,构建审美形象,这是营造课堂审美空间的途径。因为丰富的审美元素的存在,古代文学为构建审美形象提供了优越条件。构建审美形象,同样是在师生精神互动过程中完成的。对于古代文学作品历来有"言""象""意"三个层次之分,因此,对于古代文学课堂审美形象的构建,可以遵循这样一个逻辑顺序:第一个层面,是对于"言"的描述,也即对于古代文学作品语言的品味。教师通过自身教学语言对文学文本语言进行传播,引领学生走入古代文学精妙的语言世界,为进入丰富感人的形象世界打开大门。第二个层面,是对于"象"的赏析和把玩。对于"象"的构建,是对于作品中可视、可嗅、可听、可触的美好形象的把玩,需要教师充分调动学生情感和想象参与其中,师生在以文学语言为课堂传播媒介之基础的精神互动中,共同感受如临其境、如闻其声、如见其形的文学审美形象。因此,它的建构过程,实质仍是师生在文学语言基础上精神交流和对话的结果。第三个层面,是对于"意"的探究。作品中蕴含的各种思想、情感及审美内涵,需要教师在教学活动中,通过上述层面,引导学生进行窥探。由对"言"的传播,到对"象"的窥见,最后意会由"象"表示之"意",审美想象在师生的精神互动之中得以完成。可见,师生在知识生成的过程中,通过多途径的交流、对话,实现了对作品和文学史中各种形象予以想象和重构的教育教学目标。当然,这一过程的实现,有赖于教师对各种传播手段的综合运用,并合理地同给予学生足够的想象空间相结合。

最后，实现审美价值，这是营造课堂审美空间的旨归。课堂审美空间的营造，目的和意义在于获取课堂审美价值，从教育教学内容中得到审美提升。师生生命个体的全面发展，应从课堂开始就注重审美价值取向与审美观念的引导与教育。古代文学学科教学通过不断发掘其中的审美元素，通过对审美需求的确认和审美形象的构建，引导学生实现其审美价值追求。这种审美价值追求，既是人类共同的生活理想——以与古代文学作品内涵或历史价值契合的方式获得，也是作为生命个体的师生的审美需求的满足和审美价值的实现。

三、生成性：课堂传播中生命主体知识目标的动态实现

课堂传播的生成性特征决定主体对知识的接受与内化是一个动态的建构过程，在多维创新中实现主体知识目标。课堂教育教学过程是一个生生不息、充满活性、灵动自如的传播过程，传播者和接受者都是具有能动性和创造力的生命主体，课堂信息的传播与接受，其最终的目标就是引导、促进和推动作为接受者与生命主体的学生吸纳、消化和运用知识，形成合理的知识结构并具备使用知识的能力。这就有赖于课堂传播的生成性，并在这种生成性中促进生命主体知识目标的动态实现。正是基于这样的认识，笔者拟以中国古代文学教学为例，分析作为课堂教育教学中生命主体知识目标动态实现的生成性传播。中国古代文学课程本身有利于充分调动学生的参与性，激发其生命热情与人生体验，以生成性教学策略充分实现课堂传播的开放性和学生作为生命主体的创造性，从而促进其知识目标的动态实现。

（一）最大限度开发以主体生命能量为中心的课堂资源，以知识导引而培养和发展学生能力

生成教育理念"表达一种向往未来、超越自我、关怀人的当下生活的诉求"，"教育从根本上不是天然的、现成的，而是生成的、创造的"。[1] 从课堂传播的生成过程与知识价值的系统构建来看，教师是知识信息的发出者，教材、书本是知识

---

[1] 张广君, 孙琳, 许萍. 论生成教育 [J]. 中国教育学刊, 2008（2）: 6-9.

的纲要性框架与信息源，而作为接受者的学生则是知识信息的消化与实际使用者，在现实的课堂交往中建立知识信息的流通渠道与交往平台。知识价值的递增与意义的扩展，是检验课堂传播效果的重要标尺，而实现从教材、教师到学生的知识递接与互动，其中间渠道就取决于师生之间在课堂这一现实物质与文化环境下共同意义空间的构建，教师将知识信息发布于一个固定的物理空间，实际上为完全不同的生命个体所接受，其具体的信息流量、流向及其顺畅程度取决于不同学生生命个体的接受与领悟能力，不同的学生个体对于共同的知识信息形成不同的意义生成域，从深层状态来看，实际上教师是在向若干完全不同的生命个体传播信息，形成了多种信息通道，这些通道的信源点相同，信宿点各异，因而课堂传播是一对多的多元网状结构系统，师生之间是一种无形的心息相通的传播链接，不是预成与假设，而是依乎主体的生命活动而走向生成。而学生的差异就是这种知识信息有效生成的基础，正因为学生的个性、心态、需求、思维品质与情感状态各不相同，因而对于同一知识源的接受与处理就有很大的区别，所谓"因材施教""授之以渔"，从本质上来讲，就是源于学生的这种差异及其对知识信息的不同接受。那么，教师面对差异化的生命个体，究竟怎样才有良好的课堂传播氛围、知识信息传播效果与互动的传播途径呢？这就是课堂传播对教师提出的最大的挑战。

　　要看到的是，学生的差异在课堂传播中并非完全是异斥与互排的信息场，而是在传播空间的构建与意义延展的生成模式上，同中有异，异中显同，同异互相生成与弥补。这就使得课堂传播的意义空间成了立体的结构。其"同"的表现为：师生之间的"同"、学生与学生之间的"同"，师生作为生命主体与教材作为信息固化点的"同"，其"异"的表现同样也是这几个方面。"同"源于学生对知识目标的一致追求和教师对知识的阐释与传播，"异"则源于学生对于知识的不同领悟、感受与理解。教师对知识的阐释与传播基本上是一次性的，学生对知识的接受与消化则是多元的、多样的，往往因其各种主体性因素的差异产生不同的接受效果。教师在课堂传播中就要始终把握这种知识信息传播中"同"与"异"的特点与规律。其一，在学生生命主体差异的基础上创造共同的意义链接与传播空间，这是知识不断生成的平台。所谓共同的意义空间就是以现实的知识及既定的教材框架为基础，在知识信息的选择与传受过程中，充分把握其对学生的适应性和可接受性，使作为传受双方的师生之间与作为接受者的学生主体之间具有互动的条件与相通的取向，从而一同向着知识目标生成与转换。其二，在共同的意义空间里质疑释疑，实现思维的互动与开放。"教师文化代言人的地位不再是牢不可破，课堂成为学生勇于质疑的对话场域"。[1] 不管是师生之间还是学生与学生之间，质疑释疑实际上使传受双方处于创造性思维状态，面向未知，生成问题，这是知识不断的生成过程，从已有知识到新知识，从静态到动态，从个体到群体，从点到面，因其知识信息源源不断的生成而形成课堂传播的整体效应与氛围，在创造思维的交会与思想火花的碰撞中走向生命主体的知识目标。其三，课堂传播的生成性不断指向知识信息之意义与价值的升华与递进，在由低到高、由浅入深、由简单到复杂的知识转化中寻找新的知识生发点，实现其价值的增值，这种增值实际上就是生命主体互相生成的结果。知识信息的意义与价值要达到升华与递进，必须经过一个过程，在过程中构建；必须经过主体的体验与理解，在体验与理解中延展与互动，就像一条思维通道穿越时间之流，在这条通道与这股流里不断扩展与散射，激起接受者的记忆，激活其创造潜能，张扬其个性，拓展其知识，实现课堂传播的最高目标。就这样，师生之间以某一知识区域为原点，不断激活主体知识记忆与知识力量，导引主体的联想和想象，全身心投入课堂，形成新的知识能量与知识板块，并渗入主体已有的知识系统之中组建新的知识结构。因此，在生成性课堂教学过程中，主体对知识的接受与消化、内化是一个动态的建构过程，在多维创新中实现主体知识目标。这一课堂教学过程将人的因素置于重要位置，追求教学因素的整体功能与教学系统的内在优化，最大限度地开发以主体生命能量为中心的课堂资源，将课堂内容信息与学习主体的探究意识、生活体验、知识感悟紧密结合，从而实现以知识导引而培养和发展学生能力的目标。

（二）重视生命主体知识目标的动态实现，传递古代文学作品的生命化本质，激发师生的生命感悟与人生体验

中国古代文学是一门传统课程，基本上沿袭我国大学传统的课堂讲解模式，

---

[1] 赵虹元，刘义兵.基于对话学习的课堂文化建设 [J].中国教育学刊，2007（12）：56–59.

在现代课堂传播语境之下逐步显现出其教学过程中的弊端。从课堂知识的传播与获取、消化来看，由于师生大多局限于现有教材，课堂教学大多是从书本到书本，对学生这一有知识获取需求与自我发展欲望的生命主体关注不够，单一的知识传播模式使得有效的课堂教学策略缺失，学生知识结构单一、人文底蕴明显不足，难以从丰富的中国古代文学资源中获取深刻的人生体验，从人文素质、审美能力的提高中培养创造思维与创新能力。从课堂教学中师生作为生命主体的情感需求角度来说，多数教师一味教授空洞的概念和僵化的理念，以传授已有的知识为主要教学目标，以"满堂灌"的授课方式为主要教学手段，师生情感投入的缺失使课堂情感氛围的营造难以实现，学生缺乏由体验到认知的知识获取过程，其知识目标的动态实现无以落实，教学效果也就大打折扣。从师生主体的交流来看，由于多为单一的教师"讲"、学生"听"的教学模式，交流对话匮乏，教师往往无法将课堂教学中引发的思考延伸到广阔的社会生活实践之中，学生能力的培养也就很难真正得以落实。因此，笔者以为，中国古代文学教学必须强调生成性教学策略，在有效的课堂传播中动态实现生命主体的知识目标。

基于上述弊端，中国古代文学教学就必须引入新的教学方法，采取生成性教学策略，达到课堂传播的教学目标；就必须重视作为生命主体的学生，以其知识目标的动态实现作为教学策略。课堂传播中生命主体知识目标的动态实现，就是以学生的生命发展为基础，关注学生的生存状态与知识接受，将知识传授与学生的生命发展相结合，以有效的教育教学策略实现知识目标，丰富学生的精神生活与生命体验，赋予教学以生活意义和生命价值。这一教学策略立足于师生作为生命个体的存在状态，旨在通过课堂教学，关注并促进主体生命的整体和谐发展。传统的中国古代文学教学，由于教学模式单一、教学方法固化、课堂情感缺失及对话交流的匮乏，知识的渗透与发散难以实现，课堂体验也难以真正落到实处，课堂教学引导学生由感性认识上升到理性认识并进而促使学生思考的过程也就难以真正得到体现。可见，中国古代文学教学的突出弊端，就在于过分注重教师的课堂讲授过程，学生往往被置于被动接受的位置，对知识的选择与获取也就成为对预设的静态目标的达成，因为学生的能动作用被限制在静态的目标领域，师生作为生命个体存在的意义在一定程度上被压抑。在课堂教学中，实现学生作为生命个体发展的一个重要标志就是学生对知识的自主吸纳和能动探索，并不断渗入其知识结构而使之得到充实、更新和发展。

中国古代文学课程以古代文学的发展及其现象与规律作为研究对象，通过各个时期文学的嬗变、发展，作家、作品、作家群体和文学流派，以及文学理论与文学批评的赏析、品评、分析和思考，在注重作品与"史"的知识梳理的同时，将感性体验与理性思考融合一体，展示古代文学艺术的生命化特征。"中国古代文学艺术的突出特征是富于生命精神，以人之生命为其本质和支撑力量，是古代文学艺术作品历久不衰的根本原因，也是古代文学艺术作品能够打动读者心扉的奥秘所在。"[1] 从课堂教学的角度来说，重视生命主体知识目标的动态实现，传递古代文学作品的生命化本质，激发师生的生命感悟与人生体验，让今人与古人真正能够感同身受，这正是古代文学课程教学目标所在。事实上，不论是自觉还是不自觉，古代文学课程生命化特征都因其作为以人之生命为支撑的艺术本质而现实地存在于课堂教学之中，只是存在在教育教学实践中是否具体运用得当的问题。作为基础专业课程，在作品与"史"的描述中生成知识、在文学形象和审美经验中获得情感体验、在理论与批评的对话中培养能力，促进师生个体的生命发展，不失为教学的一种有效策略。

（三）强调学生学习的自主建构，也强调教师教学的动态生成

课堂教学的生成性，"与'预成性教学'的被动接受和静态预设相比，更强调学生学习的自主建构，也强调教师教学的动态生成。在'生成性教学'理念指导下，课堂教学应具有参与性、非线性、创造性和开放性等特征"。[2] 中国古代文学课程内容的特点，本身有利于充分调动学生的参与性，激发其生命热情与人生体验，通过实施非程式化的教学方法，充分实现课堂的开放性和学生作为生命主体的创造性，真正在动态的课堂教学中实现课堂知识获取与延拓、内化、升华的目的。

从横向来看，中国古代文学课程生成性教学策略的实现，体现在"形象—常识"的动态发展结构中。中国古代文学课程的教学，应改变唯理论、唯学术、唯讲解、唯阐释的模式，而应从古代文学生动的文学形象入手，引导作为生命主体的学生进

[1] 吴建民. 中国古代文学艺术的生命本质 [J]. 山西师大学报（社会科学版），2005（3）：67–71.

[2] 李祎，涂荣豹. 生成性教学的基本特征与设计 [J]. 教育研究，2007（1）：41–44.

入充满感性形象并充分想象、联想和开展创造性思维活动的课堂情境之中。教师通过对作家经历、创作过程、人物形象、文学典故、文学意境等生动活泼的古代文学课程要素的巧妙组合与高超运用，营造活泼的教学氛围，激发学生兴趣，吸引学生参与，渗入思维的活性因子，将充满联想与想象的文学之境与现实人生体验相结合。这样，对古代文学作品的欣赏与审美活动就会与主体的生命活动相联，就会变为其生命活动的一部分，生成新的生命能量。这样，课堂不再只是教师的独角戏，学生会情不自禁地进入其中，参与到课堂传播之中，教师通过教学语言完成最基本的引导作用，实现了由课堂之外跨越到课堂之内，从而为实现将课堂与学生生命发展结合起来的目标奠定了基础。课堂成为学生智慧生成与个性发展的场域。

生成性教学追求课堂的动态发展过程。"与传统教学过于关注教学目标相比，生成性教学则更为关注教学过程，它认为，教学的核心不是目标的达成而是学生的发展，而学生的发展是在具体教学过程中实现的……从某种意义上说，生成性教学过程既是教学中各因素积极互动的过程，也是学生素质的生成过程。"[1]学生生命主体意义的获取与实现，贯穿于课堂教学动态发展过程之中，来源于知识的生成与对各种问题的追问和探索。学生受文学形象、文学意境与文本因素的吸引而进入课堂情境之后，教师适时引导其对与之相关的文学常识予以关注，在故事复述、设疑答问、主题辩论、意境领会、审美体验等形式多样的环节中，通过知识信息的适度点拨与设问，吸引学生的视线与兴奋点，实现对于文学常识、特点、线索与规律的把握。这样，由文学形象、文学意境的审美体验到对于古代文学常识性知识的获取，学生逐步经历了由进入课堂情境到基础知识的获取这样一个动态过程，为课堂教学中学生生命意义的发展奠定了良好基础。在这一环节获取的古代文学基础知识，为学生知识结构的形成奠定了坚实的基础。毋庸置疑，这一过程，是生命主体知识生成的有效途径。

从纵向来看，中国古代文学课程生成性教学策略的实现，体现在"历史—理论"的动态发展结构中。中国古代文学课程的一个重要特征，是师生作为生命主体在课堂活动中对文学形象的回溯与构建，同时也是在"史"的维度与进程中进行与

---

[1] 罗祖兵.生成性教学的基本理念及其实践诉求 [J].高等教育研究，2006（8）：47–53.

完成的。课堂教学传播中,教师充分利用古代文学知识的时空跨度,生成课堂知识,促进师生主体生命的发展和自我人格的省思。

一方面,通过历史现场的返回与"史"的意识运用,生成知识的历史维度与文化底蕴。课堂教学传播中,学生通过对文学形象的感性认识与审美体验,进而把握古代文学基础知识。在此基础上,教师进一步引导学生,使之在课堂情境之中进入知识的历史维度。这种知识的发生,可以是由古到今发生,由个别到一般发生,也可以是由文学观念到现实体验的发生。如在对某一文学形象的把玩、品析中,教师将其置于整个文学话语背景与历史维度之中,引导学生与文本对话,与文学形象对话,在现实与历史的融通中去思考这一文学现象的生成、影响,把握古代文学史的知识,在品味、对比中生发新的理解与体验,如领悟到爱国精神、集体意识、义利观念、审美取向。古代文学知识历史维度的形成,使学生在对知识的实际掌握与运用中具有历史意识,自觉悟知社会人生之道,娴熟使用从中学到的语言能力与文化观念。

另一方面,在对"史"的知识把握的基础上生成知识的理性自觉与理论维度。古代文学"史"的知识,如果无法上升到理论层面,其"史"的价值也无从体现。中国古代文学由于时代遥远,初学者有隔膜感,有知识的空白感与缺陷感,需要填补,加之语言文字的障碍与阻力,容易丧失信心和力量,存在挫折感和畏惧心理,而学习主体作为生命个体的态度十分重要,要养成一种接受与顺应的心态。课堂教学传播过程中,教师通过引导学生对"史"的现象的剖析,结合相关理论知识与社会文化意蕴,引发学生多样的、多元的思考,鼓励开展结论并不一致的评价,在思维的发散中从感性到理性,从具象到抽象,从个别到一般,提升文学思维能力、文学鉴赏水平与理论判断力。通过"史—论"结构的生成和能力的培养,学生一方面能自觉形成历史意识,在对文学知识烂熟于心的同时,能以古鉴今,做到古为今用;另一方面,在对文学史现象的思考中上升到理论层面,处理好整个课程群理论运用的"度",既不至于使课程学习肤浅,也不会因过分理论化和学术化而枯燥乏味,而是在主体生命活动的自觉运演中动态实现其知识目标。

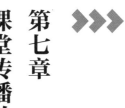

第七章

课堂传播效应及其优化

　　课堂传播目标的确立、课堂传播原则的遵循、渠道的建立和师生知识信息传受关系的生成等，一个重要的旨归就是追求课堂传播效果的优化，对此，笔者拟从编码到译码的层面、师生平等的角度、课堂新媒体传播的影响效应三个方面展开分析。

一、从编码到译码看课堂传播效果优化

　　在课堂教育教学活动这一完整的传播过程中，作为生命主体的师生双方对知识信息的编码和译码是两个重要的环节，课堂传播要经过师生对知识信息的编码和译码的加工消化过程。教师作为编码者和学生作为译码者，双方处在信息生成、反馈的张力结构之中，必须在一定意义空间内契合，在编码和译码的现场交织互动中，构建彼此适应和畅通的传播渠道，实现课堂传播效果的最优化。在本章，笔者拟从编码到译码的角度探究、分析课堂传播效果及其优化的问题，也即从编码到译码的层面分析如何实现课堂传播效果的优化。

　　课堂知识信息传播是一个编码和译码的加工和消化过程。编码和译码既相对独立，又互为作用，在传输与吸纳中交融结合，生成具有活性与张力的知识信息流。编码和译码是课堂传播过程中教师和学生行为中的两个关键点。

（一）传播主体教师的编码活动及其特点

　　编码"就是把收集的信息转换成可以传递的符号和信号"[1]，是对收集、储备的知识信息的一种主体化处理，是通过教师有意识、有选择的符号化加工完成的，是课堂传播的准备阶段，较为隐蔽地体现其教学理念和目标，使课堂传播成功地完成其育人功能。编码属于作为传播者的教师的行为，相对具有固定性和单一性

---

[1] 南国农，李运林.教育传播学 [M].北京：高等教育出版社，2005：118.

的特点，是教师对知识信息进行处理、转化的必经阶段，是有意识、有选择的思维框化与凝结过程。编码的信息源头在于为教材和教学计划等划定的知识内容，而当信源发出可供传播的信号之后，教师对其信息的处理便会融入自身个体的因素、社会文化的因素及与信号内容相关联的对比性因素，并按照课堂传播的逻辑规则组构信息，形成知识链条和开放的传播系统。教师对知识信息的编码与一般传播活动的编码相比有不同的特点：一是如前所述，编码的信源固定，只能在信源这个中心点相对地变化；二是编码的过程要求对知识信息进行转换，变化为既适合教师也适合学生的价值形态的存在；三是编码后存贮于教师脑海中的信息与其知识结构相结合，形成一种信息框图，处于待传播状态；四是编码经过了两次范式转化，从课本的知识到框图化了的教师脑海中的知识，再到课堂现场传播中的知识，在课堂信息传递和话语流出之前，教师的编码都在以不同的方式进行；五是教师的编码必须通过其课堂话语传播出来，因而编码的最终效果还是取决于教师的课堂话语传播能力，因为话语是连接师生传、受的媒介，是对已经编码的文本空间的现场呈现。

（二）传播主体教师的"自我解码"及其完善过程

教师在课堂讲授的过程中，也必须对已经编码的信息资源进行加工，即有一个"自我解码"的环节，并在其间形成更适合于课堂要求和便于学生接受的信息流，从而通过教师的口头语言表达出来。这个环节要经过教师的思维加工，对备课阶段已基本成型的信息编码作出"次分解"，在课堂口头传播时也会有临时性的补充、完善，现场性的发挥、阐释、延展，因人而异的信息调度和删增。这就是课堂传播中具有主体机制的灵活调度。

为什么说它是一个"自我解码"呢？因为教师在备课阶段处理了大量的信息资源，形成了具有思维定式特点的信息框架，一般来说较为抽象和概括，条理性突出，逻辑性严密，书面化色彩较浓，而在课堂现场传播的信息则往往要求具有口语化、生动性和趣味性的特点，以形象化的表达方式和鲜活的话语使受众容易接受。这就要求教师必须对备课阶段形成的信息模式予以再一次掌握和表述，对已有的思维框架进行口头话语化的处理。因为这一解码并形成新的信息流的过程，是教师对自己已经形成的信息框架的自我主体创造的过程，故称"自我解码"，并把解码的结果转化为课堂现场信息输出前的预备状态。这种"自我解码"是对经过了信息编码的知识框图予以自我建构，实际上就是教师主体的人内传播和自我消化，是从书面语言到课堂口头传播话语的重要生成过程和思维活化，为口头语言表达提供一种支撑力。

而所谓"临时性的补充、完善"，是说在教师"自我解码"的过程中，往往会因为不同的信息点同自身经验的扭结而形成新的灵感与思考，教师对原有信息材料进行调动，或渗入新的信息，形成传播的预期。这是与"现场的发挥"连在一起的。前者还在教师自我思维运动和心理调度之中，而后者则进入了课堂传播现场。所谓"现场的发挥"，就是说课堂传播不管是作为一个物化环境来看，还是作为一个思维碰撞、心灵交会的虚拟环境来看，都有许多不定的因素对其过程产生影响。教师必须在具体的课堂环境中对之准确把握和灵活应对，不能也不必拘泥于已有的在备课中形成的信息模式，而要根据现实场景作出符合教学要求且同备课信息模式前后一致的补充和阐释，其方式可以多样化，但必须适度和适应。"适度"就是不能离题，更不能离奇和离谱，不能偏离已有编码的知识框图，而是围绕课堂传播的中心主题展开；"适应"就是要对学生的需求具有恰切性，能在最大程度与可能上便于学生接受，不能以知识的高深或丰富而超越于学生之上，同时尽量克服课堂"噪声"以及各种环境因素的干扰，注意作为接受者的学生的信息反馈，实现课堂传播渠道的畅通和效果的优化。

那么，为何又要进行"因人而异的信息调度和增删"呢？就是说对已准备的知识储藏与信息资源如何向学生传播、传播多少、如何控制传播现场、如何进行信息组构等，都要有科学的策略，特别是不能千篇一律，一堂课从开始到结尾均是一个模式、一种方式，而应以灵活多样的方法在知识的深浅、难易、宽窄、新旧等方面根据学生的不同特点予以应对，既要体现教育教学的普遍规律，又要体现具体课堂传播活动的特殊性与个别性，特别是在课堂传播的互动环节，尤应根据对象和内容进行情境调控和知识信息传递，通过与学生的沟通和对问题的讨论，达到"因材施教"的目的。这就要求作为传者的教师处理好个别与一般、局部与整体、群体与班级、过去的知识框图与当下的传播效应、预设的知识信息编码与现实的传播场景的关系。

实际上，在具体的课堂传播过程中，这些因素都是紧密相关的，往往要求教师根据不同的课堂特点和学生需求，在整体把握的情况下予以完成。

（三）接受者学生的译码及其优化

教师的编码和"自我解码"，是对知识信息的提炼和精化加工，表面独立而又暗自配合，既使知识信息一体化，又不断去伪求真，敞亮真理，并在解码的动态思维中进一步消化和内化知识信息，经过整合和优化后形成与课堂传播现实场景相适应的知识信息系统，目的在于方便和引导学生接受。而从课堂传播的整体过程来看，真正的信息译码是作为接受者的学生来完成的。学生对信息的译码是一个复杂的过程，与其思维活动品质、知识文化基础和学习思考方法联成一体，直接影响着学生对知识信息接受的质量。

"学生接收到传播信号后，要将传播信号转换为信息意义。学生通过各种感官分别接收传来的教学信号，然后把这些信号转换成传播符号，再在大脑里还原出教育信息，这一过程就是学生的译码过程。"[1] "译码"在学生的接受活动中具有多元性、个人化的特点，虽然都在课堂传播场中运动，但相同的符号在不同的学生接受个体的理解视域中可能其意义生成会有区别，其意义再生产过程既体现学生的整体需求倾向，又明显地表现出其个人的差异。因此，教师作为编码者和学生作为译码者，双方处在一种信息生成、反馈的张力结构之中，师生是"一"对"多"的传受关系，编码和解码必须在传播渠道的一定区间内对接，否则，就会出现信息传、受的错位。这个区间并不一定就是终点，而且在互动中没有渠道的终点，只有相对的集中点。集中点是信息对接的密集区，是传受双方思想碰撞最激越的汇合处，集中表现其对知识信息编码、译码的生成性。传、受的错位实际上就是对编码的破坏，使得编码后的文本意指不能实现。

斯图亚特·霍尔曾提出3种"假想的立场"来描述话语的各种解码过程。"第一种立场即'主导—霸权立场'（Dominant-hegemonic Position），指受众采取与编

---

[1] 奚晓霞，吴敬花. 教育传播学教程 [M]. 重庆：西南师范大学出版社，2009：179.

码者（传播者）的'专业编码'完全相同的注释和架构，解读出来的意义符合编码者的期待。第二种立场即'谈判性立场'（Negotiated Position），它反映的是一种谈判式的解读，是一个观众与主导意识形态之间始终不间断的矛盾交涉的过程。谈判式解读既对主导—霸权的编码所'给'的意义保持相当程度的认同，同时又在一个更有限的、情境性的层次上，保留自己的权利，以使信息中内涵的意义适用于'局部条件'——自身的特定情况，适合于他本身所属团体的地位，通俗地说，就是'部分同意，部分否定'。第三种立场即'对抗性立场'（Oppositional Position），解码者很可能完全了解信息是在什么情况下被编码的，也理解话语赋予的字面意义和内涵意义的曲折变化，但却对此置之于不顾，自行找来另一个诠释架构，因此使得解码的结果与编码者所欲传达的意义完全背道而驰。对抗式解码导致的是编码者的传播意图被颠覆。"[1]在具体的课堂传播语境与信息流动循环链条中，学生各具个性特征和接受知识信息的期待视野，对信息的解码是随着时间、地点、条件的变化而变化的，每个学生的情况各异，而综合考察之，3 种解码过程与状态都是存在的，而且往往即使是同一个学生，也会在不同的信息加工时段采取不同的译码方式，有时会交替着、互渗着进行，至于不同的学生个体，其译码的状态则是有区别的。

因而，从师生信息传受的整个课堂传播场域来看，这 3 种解码过程呈现出交错互渗的复杂状态。也正是这样，才会有课堂传播场景的多姿多彩和生动活泼，才会有多样化的教育教学效果，也是"一"（传播主体教师）对"多"（接受者学生个体）形成的双向互动交流通道。作为教师而言，其传播的目的是直接指向学生的，希望作为受众的学生拓展和延伸出与自身相同的信息诠释架构，其意义生成与自身的期待效果一致或高于预期效果，实现教学目的与实际接受效果的一致化，达到或高于传播的预期。但是，学生是具有创造性的能动个体，不管是哪个层次的学生，对课堂知识信息的接受均具有选择性，而且越是文化基础好、知识层次高、思维灵活的学生，其选择性越强，自主性越大，再加上自身知识框架和社会经验、人生体验等各种因素的影响，其知识信息译码的主体性取向和创造功

---

[1] 张跣. "网络雷词"：议程设置和游牧式主体 [J]. 文艺研究，2009（10）：107–115.

能十分明显。教师作为知识信息传播者，其身份的先在性和对知识信息掌握的权威性，无疑在课堂传、受中具有引导和规约作用，使学生在接受中不致偏离基本的传受通道和思维轨迹，从而去除障碍，疏通思路，形成开阔无痕的通畅流程，实现知识信息接受的优化。因此，斯图亚特·霍尔所提出的第一种假想的解码立场，对于传播者教师来说，是一种较为理想的信息传受方式。

而正因作为接受者的学生其主体取向的存在和各种客观因素的影响，"谈判性立场"和"对抗性立场"也会同时在学生接受知识信息的过程中呈现出来。应该说，在"谈判性立场"支配下的知识信息接受更多地体现了接受者的主体创造性，因为学生没有局限于教师信息编码的固有程式，而是在"求同存异"的前提下接受知识信息，对教师传播的知识信息采取一种质疑和追问的态度，对教师所给出的信息意义在相当程度上是认同的，但又充分考虑自身条件特别是自己对知识信息的需求状态，探寻教师所传播的知识信息在自身情境条件下的适切性。这样，其对不适切于自身状态的知识信息会采取放弃的态度，有时则会产生怀疑，促使自身在既有知识信息空间和意义生成中产生新的问题，提出疑问，激活思维，达到与教师的互动。此时，课堂传播的互动场景就会形成，而且学生作为接受者会主动把握知识信息处理的主动权，向教师发问，提出自己的见解，有时则会促使教师对自己的课堂程序设置和信息编码进行一些灵活的调整和必要的改进，从学生的反应中吸纳新的营养，从而改进课堂传播。这是另一种意义上的课堂传播互动和"教学相长"。在课堂传播活动中，教师应鼓励学生质疑、提问，并巧妙地设置问题议程，引导学生对课堂信息的关键点作深入思考，而一旦学生发现问题、提出问题，则应该适时、恰切地予以正确回答和解决。在这样一种传播活动中，课堂信息永远是流动的，课堂结构永远是开放的，课堂氛围永远是活跃的，传、受双方的思维，永远是创造性的，并不断实现自我提升和自我超越。从这一层次而言，师生双方处于一种知识信息与思维活动的博弈状态，既挑战自我，又挑战对方，同时必须形成群体协同与互动共进的传播场景，在不间断的矛盾交涉中实现课堂传播效益的最大化。在这种谈判性的立场中，教师作为传播者虽不是绝对的权威，但其角色定位和权威性没有动摇。正因为学生的主体性凸显，而教师在自如的应对中，从很大程度上是更加增强了其主导地位。教师必须面对不同学生个体的各种具体问题，以一对多，以一当十，采用不同的话语方式回应学生个体的现场提问，实现对话的多边优化，从教师单一的"灌输式"传播到课堂"多元对话"的实现，体现了教学的民主和师生身份的平等，学生的潜能得以充分发现和发掘。在现代教育教学环境下，学生对课堂信息的"主导—霸权立场"式解码已不是唯一的甚至不是主要的接受方式了，而更多的是在质疑中求同，在探究与对话中走向创新之境。因此，课堂传播信息场实际上是一个充满创新机制的张力结构，"部分同意，部分否定"的解码方式，其最终目标是实现课堂传播的和谐。正因为经过了传、受双方的思维交锋与心灵对话，在矛盾中求得统一，也就是更高层次的信息解码方式，在加工改造中接受信息，并不断生成新的信息知识。从一般情况来看，课堂传播中"对抗性立场"的解码方式是不多见的，因为当作为传播者的教师的传播意图被颠覆之后，其预设的知识框架和传播议程也就被推倒了，学生与教师缺乏甚至没有传播的共同意义空间，丧失了传播的心理平台，沟通无法开始。因此，从整体上来讲，这是无效的课堂传播。当然，课堂传播的受众对象并非等齐划一，其知识水准、文化基础、个性特长、学习能力和学习动机、学习态度等各有差异，对于个别无心学习、基础薄弱的学生来讲，不认真思考，不积极投入，没有或无法跟上教师的节奏，对知识信息的理解也经常出现错误，其译码的结果当然与教师所表达的意义相差很远甚至背道而驰。这种"对抗式解码"，更多的是无形中表现为一种心理距离与情绪冲突，虽然没有正面的言语冲突，但潜隐于课堂传播的氛围之中，产生心理的阻滞。对于教师而言，就是必须周密布局课堂传播的各个环节，考虑课堂传播知识信息的覆盖面，在整体平衡的情况下，尽量对处于落后状态的学生予以引导，也可以通过课后辅导、个别沟通、特别关爱等方式，达成双方的理解，构建畅通的传播渠道。

因此说，具体的课堂传播活动的完成，不同于阅读活动等对于知识信息的解码，其时间有限，空间固定，知识信息框架也具有预设性，但信息的流动是无形的，其对渠道的依赖性较强，师生作为传、受双方，必须在编码和译码的现场交织互动中，构建彼此适应和畅通的传播渠道，实现课堂传播效果的最优化。

二、从主体平等性看课堂传播效果优化

　　师生双方建立平等互动的合作关系，是课堂传播得以顺利完成并实现效益最优化的主体条件。传播活动必定依赖于主体传播关系的建立，教师对知识信息的加工并实现框架化，是一个人内传播的过程，是在与自身的互动关系中完成的，而课堂传播活动中知识信息价值的最终转化与实现，则必须在与学生的合作互动中具体落实。师生之间这种互动关系的一个重要特质就是平等，并在平等中实现有效的互动。"师生关系的民主平等体现了师生在教育过程中的相互尊重人格和权利、相互开放、平等对话、相互理解、相互接纳等关系。"[1] 无论是作为传播者的教师还是作为受传者的学生，都必须把对方置于与自己完全平等的同一水平面上，不分地位的尊卑与高下，充分尊重对方的传播权利与传播行为，以平等的目光和态度对待对方。"民主平等要求教师能向学生学习,理解学生,发挥非权力性影响力,并一视同仁地与所有学生交往,善于倾听不同意见;也要求学生正确地表达自己的思想和行为,学会合作和共同学习。"[2] 学生追求知识，充分满足自己的求知欲，就要积极主动与教师交流；教师则要养成民主的课堂教育作风，鼓励学生参与到传播活动之中，并以一种生命的激情激发学生的创造力。按照课堂传播活动的师生角色定位，教师的"教"是一种具有优越性的传播，因为教师的职业角色有自身规定，教师的知识水准高于学生、人生阅历比学生更为丰富。这些都是作为教师的标志性因素。在一定时空范围内，教师的"教"又是一种主导性传播，要求学生听、记、思、动，在反馈传播中不断跟进和消化。课堂传播看似教师"主动"、学生"被动"，实际上始终是一种双边活动，师生双方都应让对方平等参与到这一过程之中，特别是教师应该以身体语言、面部表情、内在精神、心理气场等营造轻松自在的课堂传播氛围，调动各种非语言传播符号等形式，给学生平等、亲和、感化的感觉，让学生有与教师共同交流的信心和机会。因此，即使是在教师作为主导传播者的阶段，也应有精神上的平等交往和心理上的共鸣空间，作为一种生命活动形式来激活课堂时空意义。教师满足学生的求知欲望，学生适应和吸纳教师的传播方式

[1] 田汉族.交往教学论 [M].长沙：湖南师范大学出版社，2002：267.

[2] 田汉族.交往教学论 [M].长沙：湖南师范大学出版社，2002：267.

与知识信息，从本质上来说，是生命主体的平等交往，必须在平等的前提下进行，从而以共同的知识信息点为拓展区域，不断形成新的意义空间。在中国的传统观念中，"师道尊严"存在着很大的影响，其积极意义和负面价值并存，特别是教师被视为"神圣的"角色，被当成至高无上的权威，其地位是永远高于学生的，而学生只能仰望，在教师面前往往处于被动状态，在强大的师威下不免有几分胆怯，容易丧失自己的个性，而一味被动地接受知识，缺少自己的参与性思考，成了学习知识的机器，结果思维僵化，没有生气和活力，更谈不上培养创造精神和创新能力。

施拉姆曾说，在传播活动中，"所有参与者都带了一个装得满满的生活空间——固定的和储存起来的经验——进入了这种传播关系，他们根据这些经验来解释他们得到的信号和决定怎样来回答这些信号"。[1] 在施拉姆看来，传受双方的一个重要共鸣点就是源自其共同的"经验"，即双方能得以展开传播活动的共有话题与相通的生活体认，也包括话语表达方式的选择、经验对话语的理解等。这些都具有重要的主体性影响，也是双方平等对话的基本条件。值得思考的是，课堂教育教学活动中作为传受双方的师生究竟有多少共同的生活经验或相通的社会体认呢？越是年纪小的学生，与教师共同的生活经验就越少，那么课堂传播能否建立起有效的平等关系并顺利完成？这里有两个问题要引起重视：其一，教师的"教"与学生的"学"究竟是什么状态才是平等自由的民主关系？其二，师生作为传受双方，是否在知识信息的传、受层面存在"沟差"，或"代沟"，或"知沟"，从而影响其精神交往？

先说第一个问题。教师是社会化的人，有着丰富人生阅历和生活经验，在很多方面是高于学生的，这也是由教师的职业定位和基本素质所决定的，因而对知识信息的理解、加工、转化等都具有无法替代的优势，其备课的过程就是以自己的创造性形成知识信息的框架化程序，目的就是便于课堂传播；而学生是正在逐步社会化的人，其人生阅历和生活经验处在积累和丰富的过程之中，具有极大的成长性和可塑性。也正因这样，他们需要课堂，需要书本，需要教师，需要花漫长

---

[1] 威尔伯·施拉姆.传播学概论 [M].陈亮，李启，周立方，译.北京：新华出版社，1984：47.

的时间学习间接知识，以不断提高自身而适应社会。如果从小学算起，到博士毕业，按当下的学制，一般就要花去 22 年左右的求学时间，在人的一生中不算是短暂的时光。因此，在实际的"教"与"学"的课堂传播过程中，不同的学生阶段其表现形式是各不相同的，其"学"的方式有差异，"教"的途径也各有区别，知识信息的深浅程度也是逐步递增的。但不管怎样，师生双方的传受，其主要途径与表现方式是"教"与"学"，而在这个过程中，学生有一个"学"的内化阶段，即不断接受教师传播的知识并主动予以消化，转换为自己的知识。这个接受的过程，教师的主导性极强，是按照知识信息的组构规律和学生的认知特点循序渐进地完成的，学生的"学"从一般过程来看是跟着老师走的。这并不意味着双方的关系就不平等，而是由传、受双方的主体条件和需求因素决定的。两者的角色定位既然明确，在传播活动中的表现也就会有区别，在教师的"传"与学生的"受"这一整个的课堂传播过程中，教师处于主导地位，学生处于被引导者的位置，但始终参与其中，接受并加工教师所传播的知识信息。而在深层的心理与思维活动中，学生对课堂传播过程的参与是具有主动性的，因为对知识的吸纳与消化本身就需要学生自身的创造性转换和加工。正是这种转化体现了学生的主动性。但在这样一种合作与协同的关系之中，双方很难有大面积的共同经验领域，其通有的意义空间是在教师对知识信息的"传"和学生对知识信息的"受"这一过程中逐步形成的，正因为学生不间断地理解教师所"传"的知识信息，时刻扣住教师传播的信息核心区和思维路径并进入其意义空间，两者才逐步形成共同的经验与意义，从而建立、夯实和深化其传播的互动关系。因为学生的人生阅历和社会经验相对于教师来讲是有限的，传播的共同意义空间更多地只能由教师来预设，既要符合知识信息的本质要求，又要通向学生的心灵世界，便于学生的理解。学生的质疑源于这种理解与思考之上，并不是直接从经验的土壤中开出的心灵之花，而是基于对知识信息的思考所激活的智慧之火，那么，便于学生理解、适应学生要求、激发学生潜能，便成为课堂传播的基本要求。而对于作为传播者的教师来说，这则既是一门科学，也是一门艺术。学生不是依赖于教师，而是在教师的引导下实现自我的超越；教师也不能一味地迁就学生，而是适当而恰切地满足学生的正当需要。从这样一个层次来说，教师的"教"与学生的"学"是在同一平面上运动。

所谓平等，就是指其心灵和精神的互相呼应和彼此共鸣，并从这种呼应与共鸣中生长经验，扩展意义空间。

再说第二个问题。在不同的学龄阶段和教龄阶段，师生双方的年龄差异是各不相同的。年龄既是一个自然的、生理的概念，也是一个社会的、心理的概念。生理的年龄客观存在，人的职业生涯无法排除年龄的影响，但很多职业又无法以此划分标准，比如不能硬说幼儿教师只能 40 岁以下，小学教师只能是 45 岁以下。这既不现实，也是无法实行的。而事实上，在幼儿教育、小学教育阶段，教师年龄越大，师生之间的"代沟"就会越明显，对于学生心理及其变化的把握难度就越大。当然，大学教育阶段因为教育对象的年龄增长了，而且有了一定的生活积累与社会经验，"代沟"不是一个很大的问题，但生理年龄的差异不可避免。在不同的教育阶段，年龄对于幼儿、小学、初中教育有一定的影响，但教师与学生之间的关键差异及其影响并不在于生理年龄，而是心理年龄。从心理年龄可看出一个人的心态与精神取向及其对新的知识信息的接受情况，是能否与时代同步，与新知识、新信息及教育教学的新要求同步，贴近社会发展实际，具有生活气息的一个重要表现，是能否以与时俱进的方式审视社会与人生并充分满足新兴学生群体的需求的一个条件。心理年龄还体现于教师的知识结构及其更新，也表现了其对新的教育理念与教学方法的吸纳，同时反映在能否整体上适应学生。在很大程度上，它影响着教师的亲和力和教育教学的效果，"年轻的"心态，"青春的"力量，充满生机与活力的方法，朝气蓬勃、积极向上的追求等，都是教师课堂传播力量的外在表征，能够以此营造良好的课堂氛围，产生无形的教育力量，通过非语言符号的传播和整体形象魅力的展示而彰显出心与心沟通的内在脉络，达至知识传授、心灵交往和思想影响的内在与外在的统一。当然，随着教师年龄的增长，知识的老化、思维反应的欠敏锐、生理上的变化等因素不时地影响着教学过程，客观上无法避免，但必须尽力扬长避短。课堂传播是在现实的环境中师生的直接接触，教师的外在形象、言谈举止、衣着打扮等均展现在学生面前。适应和满足学生的正当需求，是实现师生互动、构建和谐课堂的重要因素。因此，从这些方面来分析，教师面临的挑战是多方面的，对完美教师的要求也是很高的，只有具备内外兼修的素质，才能适应现代教育教学的需求。从本质的层面看，生理年龄不是师生是否平等的决定因素，但它会对课堂传播产生影响。以上分析的目的，就是为了说明教师与学生之间应尽力克服因年龄等因素而带来"知沟"和"代沟"，在知识的传、受等方面双方具有互相适应性，这样才能彼此接受对方并实现课堂的互动。缩小和克服"代沟"，教师是主动者，应从心理年龄层面保持开放的取向、平等的胸怀与尺度，从现实的时空场景中不断塑造新的自我，强化时代意识与现实要求，满足流动的学生群体对知识信息的需求。

具体而言，师生之间平等互动的合作关系主要表现在 3 个方面：

一是心理平等。这除了前述从心理年龄上缩减和克服"代沟"之外，还必须在课堂传播中营造和谐的心理氛围与课堂情绪环境，实现师生的心理兼容，使学生在轻松自由的环境中获取知识信息。心理氛围与课堂情绪都是属于人的主观层面的东西，是一种精神性的存在，看不见，摸不着，但是在课堂传播中可以说无处不在，而且在不同的学龄阶段，在不同的课堂场景，学生的反应和感觉各不一样。但两者都是无声的语言，是能够体验到的力量，潜在地影响着学生的状态，包括其学习动力机制、情绪走向、反应能力和学习效率等各个方面，具体而言，心理氛围主要从和谐与不和谐两方面来看待，课堂情绪则可从积极与消极来权衡。教师从始至终要塑造和谐的心理氛围，具体又包括如下几个主要方面：

其一，心理沟通，即师生双方能敞开心扉，彼此接应，处于信息的对流状态，以有用的知识启迪心灵，以有价的信息去掉心理障碍，填平心理沟壑，使通畅的信息流形成师生心灵连接的纽带。这种沟通并非通过有声语言来完成，更多的是借助于非语言符号，借助于在师生双方之间流动的信息。只有沟通，才能"去塞"，才会心领神会，才会有心灵的碰撞，"去塞求通"是心理沟通的基本原则。

其二，心理兼容，即师生双方能在共通的意义空间，对传受的知识信息既认同又能形成心理的融合，同时在情感态度上能有宽广的襟怀和包容、理解对方的心胸，在价值取向上对知识信息有彼此的认同。因此，它有两个层次的含义，一个层次的含义是教师所传播的知识能为学生所接受，学生在此基础上激发心理的活性因子，在获取知识的同时能达到提升境界、净化精神的目的；另一层次的含义是教师的身份具有优越感，在学生的心目中威严而神圣，不应当以"势""压"人，而要以理服人，做到在知识面前、在真理面前人人平等，彼此兼达。特别是教师对有个性的学生，对犯错误的学生，对学习成绩暂时处于落后状态的学生，不能有偏见，不能漠视、忽视和轻视他们，而应多一分理解和关爱，与其他学生一样平等、善待，真可谓理解万岁，仁爱无价；而且教师也并非完美无缺的"圣人"，并非全智全能的"智多星"，对于教师在课堂传播中出现的知识错误和不恰当的教育教学方式，学生也应该理解，应该包容，应该善意地提醒，而不应攻其一点，全盘否定，甚至怀有偏见。课堂传播中的心理兼容，这两个层次缺一不可，只有两者的结合，才有真正和谐的课堂传播。

其三，心理平衡，即师生双方在信息传播和接受过程中的心理承受和运动状态既适应教师的个性特点，又适合于学生的需求特征，并能在规定的现场时空中实现最优化的心理效应，激活心理能量，焕发创造活力，在稳定的知识信息传输状态下实现心理的对接。这不同于一般个体在心理失衡状态下所求得的自我平衡，不是因现实利益关系的合理布局或分配所形成的心理平衡，而是就师生双方在课堂传播中的心理运动过程而言的。正因为教师是课堂知识信息的主导传播者，也是传播方向、方式和数量的主宰者，而学生在"受"的过程中，有一个消化的环节、加工的环节，要有效地与教师的信息传播对接，就必须找到两者心理的平衡。教师不能因为自身的主导地位和主宰者身份而使学生对知识信息的接受产生心理压力，也不能在传、受之间出现脱节或失衡，必须做到知识信息的深浅程度适当、数量多少恰切、传播渠道灵活、传播方式多样、传播目标明确，整体上对学生群体而言是可接受的、能理解的，以信息作为心灵交流的主线，连接传受双方，形成灵活自如、开放稳定的知识信息循环路径。这实际上就是另外一个意义上的师生互动，是在平稳中提升，在运动中实现自我优化。

其四，心理满足，即师生作为传、受双方都有一种期待视野，教师传播知识信息之后，希望能为学生所接受，并转化为其所有，从而实现其劳动的价值；学生来到课堂之后，在接受信息的过程中，也有一个追求与期待的目标，希望从教师那儿得到自己所需要的知识，通过课堂来开发思维，解决疑问，提高自己的知识层次，提升自我价值。那么，双方的期待是否会形成对等平衡的关系呢？其间受到很多因素的影响，也有不同的权衡标准，但较为重要的一条，就是双方均有一种心理满足感，尽管这种满足感的程度各不相同，有时还会与自身的期望值有差距，但拥有满足感是实现传播目的的一种重要表征，是与作为课堂传播关系之建立基础的需要动机相一致的。因为满足感就是对师生双方需要的一种回应，而且这种满足感会反过来强化传播目标和学习效果。正因为有了这种满足感，师生双方才能互相激励，形成对应的动力机制，既能有力促使双方更准确地定位，又能在平等的层面形成进一步的对话空间，师生互动也才会有主体基础和话语条件。心理沟通、心理兼容、心理平衡和心理满足，作为课堂传播中心理平等的主要因素，并不能概括课堂传播的全部心理现象，但它是师生双方建立平等互动的合作关系的集中表现。

二是话语权平等。课堂传播主要是依赖话语这一媒介得以实现的，话语是教师表达思想和学生接受知识的主要方式。这里所说的"话语"，主要是指有声语言，暂不关涉非语言符号。所谓课堂传播中话语权的平等，并不在于话语的多寡和所占用的时间（即数量和时长），而更多的是一种话语态度和话语取向。由教师与学生双方特有的角色定位所决定，教师话语是贯穿于课堂的主导声音，而且一般是占用了单位课时的绝大部分时间，在价值取向、内容选定和话语表达方式上也有先在的框架，教师把握了课堂话语的主动性和导向性，学生往往将教师的话语当成指挥棒和展开思路的线索，跟随教师的话语进行联想和想象，其对话语权的把握一般在教师之后，有时还是由教师有计划予以安排的。在教师的话语链条中，学生有时可以插话、质疑、询问，但一般为了不影响教师的逻辑连续性和思路的前后一致性，学生必须寻找适当的发话时机，实现话语权的转移。而当话语权在师生之间动态转换时，课堂传播的互动便会形成一种活跃的气氛，这时往往是思维活跃，最具有精神活力的课堂传播场景。课堂传播正是由这样一个个小高峰来推动的。正因为如此，教师对话语权的拥有和学生一定的依赖性成了课堂传播中的两个制衡点。教师拥有话语权，但应该看到，教师话语必须是权威的，让学生信服，而且准确、生动，蕴涵丰富，具有吸引力，但又不能看成是绝对的，硬性要求学生绝对服从。有时即使学生对相关问题的认识还处于模糊乃至没有完全弄懂的状态，也应该允许学生发言，并予以引导和解答。"权威"来自教师高于学生的角色定位，"非绝对"则来自课堂传播的本质要求，因为课堂知识信息的传播是一个灵活开放的系统，有时还联系着社会生活的深层问题，引发学生丰富的联想和想象，延伸出相关问题后学生便会产生疑惑，这就应该允许学生发问，而不能把教师的话语看成"一言堂"。主导性也不等于"一言堂"。教师的话语必须是聚合性的，即在主导课堂传播的同时，能对不同的学生个体形成聚合力，将学生的思路大体扭结在一条主线上，使其分散的思绪具有相对的集中性，沿着教师的思维主线进行放射和展开。这样，既能使课堂传播有明确的方向和思维总纲，同时又能沿着主线形成传播的张力。作为传、受双方，教师在课堂的传播是一对多。学生是一个群体，分散则为不同的个体，集合则为一个有着共同期待与需求的整体。从分散的个体到集合的整体，并非表面上的班级组织，而是对思维方向、心理倾向与需求期待的引导，是一种深层的、无形的聚合。但是"聚合"不是"一统"，不能以教师的话语消解、颠覆学生的话语；"聚合"是一种方向的引导，"一统"则是一种话语专制，那就很自然地变成了教师的"满堂灌"和学生的被动接受，没有平等交流的空间。同时，教师的话语具有优先性，正如前面所述，这是由教师的角色定位和职业要求决定的。优先的话语权是教师之成为教师的一种表征，教师对知识信息的拥有量、教师的人生经验、教师的受教育程度、教师的职业角色等，都决定着教师对课堂传播话语的优先占用，这也是课堂组织与管理的要求。但应该看到，话语的优先性不等于话语的唯一性。正因为有优先性，才能发挥教师话语传播的引导功能，形成传播总纲与主线，而唯一性则意味着只有一种声音，教师变成了课堂传播话语的唯一拥有者，学生没有话语，不能发出声音，既不能了解学生对知识信息的掌握情况，又更无法形成思想的碰撞。这种没有反馈的课堂传播，实际上是一种沉闷的"一言堂"，没有现代性和民主性。

那么，课堂传播中师生话语的平等表现在哪些方面呢？笔者认为主要是以下三个方面：

其一，话语机会的拥有。主要是就教师如何使学生拥有一定的能表达自己思想观点或质询相关问题的话语时机而言的。因为在很大程度上，课堂传播话语权的主控者是教师，话语的展开方式、话语信息的流动、话语时间的把握等，都在整体上由教师安排，话语机会的拥有实际上是让学生拥有发言的时机与权力。作为教师，要充分考虑课堂话语的开放和话语权的下移，合理布局课堂话语流程体系；作为学生，则应有话语自信，寻找时机、抓住机遇主动与教师交流，从而形成课堂活跃而有序的话语场。实际上，学生的差异很大，教师也能从对话语机遇的抓取中透析出其学习的主动与否。教师不能凭自己的身份和地位而产生话语霸权，对学生的发言特别是质疑予以忽视、漠视甚至压制，这样就无从谈师生之间平等互动的合作关系。至于话语权如何在学生中有序流动并达到传播的目的，如何引导学生的话语表达并合理设置话题、合理安排时间等，都有赖于教师的艺术化处理，并在师生互动中逐步形成自然流转的机制，也是其教学能力的一种体现。而学生在话语表达中可能存在各种复杂的心理与状态，如缺乏自信而产生胆怯，急于表达而情绪激动，问题尖锐而形成交锋，偏离主题而导致传授落差或冷场，过于自我表现而难得认同，等等，均应由教师适当予以把握，以话语为主线对课堂整体情绪与场景进行有效控制，既充分鼓励学生大胆参与，又做到有条不紊、条理井然，在话语权的流动与话语的交锋变化中生成课堂传播场，形成课堂传播想象力。而"课堂想象能力的形成和张扬，正是学生进入课堂情境，师生交流对话的基础和前提"，学生拥有话语机会，教师调控话语传播场域，课堂就会充满生机活力和意义创设空间。

其二，话语姿态的平等。即教师在话语表达方式、话语选择和话语的个人化身份显现方面要有吸引力、亲和力和平等的口吻，不能摆架子、称老子、扣帽子、打棍子，教师是课堂话语传播的权威，但不必正襟危坐，森严可怕，让学生生出几分畏惧，而应和蔼可亲，平易近人，亲密随和，以心换心，以关爱唤起良知，以道义激活责任，以润物无声地教诲养育学生的人格，真可谓"落红不是无情物，化作春泥更护花"。话语姿态是一种情怀，是一种价值取向，是一种精神写照，一种传播魅力。咄咄逼人，盛气凌人，甚至讽刺挖苦，都是对学生的不平等或者是伤害。"对话是现代人类的一种生存与生活状态，是一种心灵的沟通，课堂传播中的对话则更是一种深层的带有鲜明价值指向与知识信息设置的精神交往！"有时教师的一句话并不经意，却打击了学生的自尊心，从此可能一蹶不振，失去了学习兴趣，泯灭了希望，丢失了理想，教师可谓罪莫大焉。有时教师一句鼓励的话，却能激发学生的自信，鼓起生命的风帆，找到学习的动力，甚至改变其一生。教师是一份良心的工作，事久见人心，必须有爱心、诚心、恒心，不能情绪化，将自己受伤的心影响学生，把自己不良的情绪带到课堂。教师的负性情绪及其外在表现一且掺和到课堂传播的话语之中，就会影响到课堂的气氛和整体状态，牵动学生的不安。所谓话语姿态，就是对教师话语传播的一种综合考量。正因话语是心灵的外在表现和思维活动的现实映射，课堂话语也表征着一种精神境界、话语姿态的平等，实际上也就是师生之间人格的平等、心灵的平等与精神的平等。当然，作为学生也应有自己的定位，既要大胆探索真知，又要谦谨求学，虚心好学，因为师生之间的互相尊重和理解是课堂传播的基本条件，也会通过话语姿态表现出来。

其三，话语表达的适切。话语的平等不仅表现在话语机会的拥有和话语姿态的平等，更现实地表现在话语表达的适切，即用适当而恰切的表达方式尽力使其话语能为对方所接受、理解，其重点也在教师作为传播者的这一方。若教师课堂传播话语的可接受度高于学生的平均理解力，不易甚至不能为学生所接受，实际上就有一部分是无效话语，对课堂、学生而言没有任何意义，浪费了学生的时间和精力，也是对学生话语权的一种剥夺和不尊重。教师的话语选择和传播方式的确定主要有四个参照系：作为受者的学生、作为纲领性架构和知识集成的教材、作为自我认知与把握的个人经验、作为同类型借鉴的他人所用方式（即教学参考），而其中的主体参照是学生受众，即使同一种类型或同一年级的学生，不同的班级群体和人群组合，其反应能力和接受水平也会有差异，因而教师应充分把握接受对象的特点与需求，从实际出发，具体对象具体分析、具体施教，针对不同的受众群体采取不同的具有适切性的话语表达方式。宋玉在《答楚王问》中写道："客有歌于郢中者，其始曰《下里巴人》，国中属而和者数千人；其为《阳阿薤露》，国中属而和者数百人；其为《阳春白雪》，国中属而和者，不过数十人；引商刻羽，杂以流徵，国中属而和者不过数人而已。是其曲弥高，其和弥寡"。可见，音乐欣赏有高低层次之分，欣赏的内容不同，接受的对象不同，其反应也有区别，这就是音乐传播与受众的切合问题，只有切合受众特点与需要的音乐，才会有好效果。课堂传播也一样，教师就是要善于分析、研究、把握各具体层次学生的不同特点与需求，选取恰切的话语表达方式，获得最佳效果。若学生无法接受所传知识信息，不能理解，没有反应，回之以一脸茫然，实际上学生反馈、互动的话语权就丧失了，这就是一种不平等，而且是深层的、内在的不平等，是教师应该予以规避的。当然，教材、教师的个人经验和他人的教育教学方式，都是重要的参考，在综合各种因素的基础上作出选择，就不会偏离基本的原则与方向。教材是课堂话语表达方式形成的基础，规定了基本的框架和格局，教师的关键是消化教材而后转化为自己的语言，用自己的语言在课堂上表达。这种教学语言不是完全的口语，但又有异于书面语，是书面语与口语经过教师加工改造后的结晶。正因为经过了加工改造，就融入了教师自身的知识和经验，体现出其知识结构和经验累积，而他人的教育教学方式又作为借鉴，可以用来调整和改进、完善自身的话语方式，找到适合学生需求的恰切点，做到"切己"——符合教师自身个性特点，"切人"——满足学生受众的需求，"切场"——体现特定课堂传播时空场景的要求。这实际上就是将学生置于平等的话语权之上，实现了深层次的话语平等。

三是人格平等。较之于心理平等、话语权平等，人格平等是课堂传播中最高层次的要求，也是师生建立平等互动的传播关系中最为重要的。不管是对教师还是对学生，人格尊严是人之为人的基本条件，失去了人格尊严也就没有了人之为人的基点。人格（Personality）一词源于拉丁文"Persona"，原指希腊罗马时代戏剧演员在舞台上扮演角色所戴的假面具，它代表剧中人的身份，表现剧中人物的某种典型心理，在不同的历史语境之下，心理学家、哲学家、法学家、社会学家有各种不同的解释，将人格及其分析引入自己的学科领域。从整体上讲，人格是人的整个精神面貌的表现，是一个人的各种精神倾向性和心理特征的有机结合，一般指个人的比较稳定的心理和行为特征的总和，是个人在一定的生理素质的基础上，在家庭、学校教育和社会、自然环境的影响下，逐步形成的做人的资格和为人的品格，是个人在一定社会中的地位、尊严和作用的统一体；作为个人气质、能力、兴趣和性格等心理特征的稳定的表现，一个人只有具有健全的人格，才能适应社会，正常交往，生存并发展好自己，达到个人主体性要求与客观现实性群体化环境的统一。课堂传播是在师生双方及学生个体之间相互作用的条件下完成的，在较长时间的课堂教育教学活动中，学生与教师均会形成具有自身特点与环境适应性的较为稳定的人格特质，从而在课堂传播中表现出比较重要的、相当持久的心理特征与精神取向。它既是其现实人格的反映，又在连续而递进的教育教学活动中不断丰富和发展现实人格，并在两者的统一中折射出完整的个人形象，形成人的个性特征。可以肯定，人接受教育的过程，实际上是人格不断完善和发展的过程，现实实践和社会生活是人格形成的客观基础，而接受教育作为一种精神的塑造和价值走向的导引，总是引导人追求更高的人生境界，促进人生的完美和人格的完善。而在作为师生双边活动的教育教学过程中，师生双方均有现实的人格尊严，有其作为教师和作为学生的各自的人性特质和个性形象，有其精神层面的自我形象维护。因此，在课堂传播中，师生双方的人格平等是最高层次的平等，是一种看不见的、深层次的自我尊严，师生必须彼此尊重，互相维护人格形象。

师生人格的平等，首要的是对教师的要求。由于学生是未成年人或刚刚成年，毕竟涉世不深，如果是幼儿园或小学阶段，其人格更是受到教师的深刻而持久的影响，生理和心理的发展极不成熟，没有定型，价值观、世界观、人生观均在形成之中，情感取向也没有成型，因而其人格表现出一定的依赖性、模仿性和游移性，只有在自身社会生活经验、人生体验与认知水准与学校教育的相互作用之下，其人格的独立性才能逐步形成，人格的个性化特质和开放性机制才会逐步沉淀。因此面对这样特殊的传播对象，教师应以平等的态度对待每一位学生，不能高高在上，轻视学生的要求，损害学生的自尊，压抑学生的个性，甚至因挖苦讽刺而产生对学生的人格伤害。学生班级是一个集体，由每一个有自主意识和个人尊严的个体组成，教师对学生的评价和看法，基本展示在班级集体之中，一旦对学生个体造成伤害，就会导致消极情绪的产生，失去精神动力和心理活性机制，而逐步上升到精神意识的层面，形成一种消极的人格因素，久而久之，便为沉淀积聚为一种负性精神倾向，在课堂传播中表现为师生之间的精神交往障碍和心理的互斥，在学生个体的发展中，则会积聚、内化为一种消极人格。此时此境，更谈不上知识信息的畅达传播。可以说，"学高为师，身正为范"，"教师是人类灵魂的工程师"，从这个层面而言，是极富有深刻内涵的。教师的一言一行，都会对学生发生影响，教师的精神面貌、价值取向和人生修养、人格特质等，更是内在地无形地对学生发生作用，在课堂传播的现场，则更是一种现实的影响力，成为学生精神追求的活标本。

教师与学生的人格平等，第一步要求教师以自己的人格规范为学生树立楷模。教师应有良好的人生修养并内化于其人格特质之中，在课堂传播中不说出"格"的话，不做出"格"的事，不只是要保持作为教师的人格底线，更重要的是要为学生树立人格榜样。如果教师以其负面的精神价值取向影响学生，又何来人格的平等？因为教师在课堂传播中处于主导者的地位，拥有强势的话语和课堂支配力量，学生在这样的传播场中是容易受到教师影响的，而教师以其先在的身份优势和传播的主导权对学生发生消极的影响，其本身就是对学生人格养育的一种损害，更是无平等可言的。第二步则要求教师尊重学生的独立人格及其权利。"教育者必须重视受教育者，把他们看作为真正的对话者，使交互主体之间形成探究真理的伙伴关系、解决难题的合作关系。"[1]学生处于人生的成长期和知识结构的形成期，是特别需要引导而又能在这种引导中不断走向人格完善的。班级看似是一个小集体，但包容着每一个体的性格，也展示着每一个体的喜、怒、哀、乐和尊严屈辱，学生处于成长的敏感年龄阶段，对教师的意见是在乎的，对由教师的评价而引出的同学的看法是重视的，在很大程度上，学生个体的人格尊严因为教师的评价性话语而展示在班集体之中。因而面对具有这样心理和精神特征的对象，教师对学生的人格尊严及其权利就应该充分地尊重。而学生作为受教育者，往往是不可避免要犯错的，加之其个性差异，犯错的情况、学习的状态就可能多种多样，那么，面对犯错的学生和学习落后的学生，教师首要的一着，就是要尊重其作为学生的人格，就是要在方法上、内容上不伤害学生的尊严，特别是在其语言表述上要注意保护学生的尊严，切忌挖苦、讽刺和使用恶言恶语，还要言简意赅，击中要害，避免学生产生逆反心理。而且，要允许学生表达和选择，只要是合理的，就应该予以必要的考虑，不能学生还没有讲完，没有表达充分，就予以简单的否定甚至是批评。第三步就是要求教师以其人格魅力影响、感化学生。这是深层次的人格平等。因为教师能以其人格魅力影响、感化学生，往往不是强制的、被迫的，而是学生自觉自愿的、主动接受的，师生双方处在平等的精神交往之中。这样一种影响和感化，是教师长期修炼的结果，自然而然地渗入到课堂传播的各环节、各方面、各层次之中，形成一种弥漫的感召力和教化力。面对这样一种课堂传播场域，学生自觉融入其特有的气氛之中，受到心灵的启迪和精神的熏陶，在获取知识信息的同时提升自己的人格素养。一部分学生甚至是全班的学生要认可并信服他们

---

[1] 吴小鸥. 教学场论 [M]. 长沙：湖南师范大学出版社，2007：14.

的老师，对他们的老师生出景仰和崇拜之情，其本身就有一种精神的支配，就有一种生命的向往，就有一种力量的感召，就是一种人格的换位与接纳，这无疑就是最高层次的平等。

其次，课堂传播中的人格平等对学生也有要求。学生怎样看待教师的课堂角色和职业定位，特别是怎样对待教师的批评、怎样评价教师的劳动，其间都有一个师生人格平等的问题。教师尊重学生，最为中心和关键的就是尊重学生的人格，而与之相应，学生与教师交往，特别是在课堂传播的各种状态中对教师的信息反馈、心理反应与口头评价等，都应该尊重教师的人格及其尊严。因为在课堂传播活动中，人格平等始终是师生双方共同完成的，是传、受双方最深层的精神协同和价值确证。第一，学生要避免情绪化的评价。情绪化往往产生于一种感性的现场心态，在一定情景或刺激之下形成心理的变化或波澜，促使其变得激动，容易失去理智标准。在师生互动互应、彼此交流的课堂传播信息场域中，教师发出的信息必然具有针对性，也就不可避免地在不同的时间、地点与条件之下，对部分或个别与其信息流不合拍、阻碍其信息流动的学生形成刺激。学生甚至会对此产生反感，从而在课堂传播现场面对面地予以发泄、抵触，在客观上自觉不自觉地伤害教师的自尊。第二，学生要避免个人的偏见。偏见实际上就是一种片面的认识与评价。有的学生由于对某门课程没有兴趣，或者是某方面的知识基础不好，或者是某些课程知识与其学习目标不切合（但这些知识又是必不可少的，是教学内容中不可或缺的），就将不理想的学习效果与教师的水平、能力联系起来，从而给出片面评价。有的学生则过分重视教师的形象气质、衣着打扮，将外在形象作为权衡教师能力的主要标准，忽视教师的实际教育教学水平，从而形成一种偏见，甚至产生厌烦和逃避的消极情绪。有的学生则喜欢将不同学科的教师、将自己所经历的不同时期的教师进行比较，忽视学科特征对教师的不同要求，忽视不同学科在课堂传播艺术上的差异，以自己的好恶作为等同的标尺，产生评价的偏见，实际上是对教师劳动价值的不公正评价，从而伤到教师的"心"。第三，学生要冲破既定的成见。这种成见既可能来自学生自己的"刻板印象"，也可能来自他人强加的影响。所谓学生的"刻板印象"，就是以自己心目中理想型的教师形象与标准来权衡所有的教师，有时则会以这种形象或标准的定势来进行同期或不同期的比较，拉大其差距，也容易强化现在教师的不足，在理想化的"刻板印象"主宰下，形成一种难以摆脱的不满意情绪，从而在心灵深处轻视自己所面对的教师。所谓"他人强加的影响"，就是说受到高年级学生或其他外在因素的影响，不自觉地接受其对某一教师的消极评价，在正式进入课堂活动之前，就基本形成了对教师的不满意情绪与不良的印象。而这种情绪与印象一旦形成定势，就难以迅速得到改变，学生也就会以挑剔的眼光来审视教师的各个方面，见其"短"而无视其"长"。事实上教师总是进步的，也可能之前所得到的既定评价只是局部的，甚至本身是有偏见的，无法以此作为评价教师的标准。这样一种成见带有虚拟色彩，会成为笼罩于课堂传播之上的一团乌云，需要学生冲破既定的成见，睁开明亮的眼睛。第四，学生于教师既要有角色"等同"，也要有身份"认同"。所谓角色"等同"，就是说在课堂传播活动中师、生处于平等交往的关系，在知识信息传、受这一层面，其身份是对等的，不能说作为教师的传者重要，也不能说作为受者的学生重要，而是两者彼此依存与支撑，离开任何一方，课堂传播活动便无法开展，而且要在心灵交往中实现双边的精神愉悦。因此，师、生都担当着课堂传播活动的一方角色，在角色的双边共生互动中实现其价值目标。所谓身份的"认同"就是说从理性的层次来看，师生是一种平等合作的关系，但也是一种有身份区别的社会定位，教师就是教师，学生就是学生，在一些人际规则与岗位职责上是无法互相取代与消解的。因此，在生活中、在平日的交往中，学生应该认同教师的身份，认同教师的职业形象，认同教师的社会尊严，应该尊重老师，就像尊重知识本身一样；应该爱戴老师，就像爱戴知识本身一样。不管是角色的"等同"，还是身份的"认同"，实际上都是双方人格平等的表现。

三、课堂新媒体传播的负面效应与应对

（一）课堂新媒体传播的负面效应

新媒体开拓了课堂传播的新局面，但也不可避免地带来了一些负面效应：工具理性无形削弱了传播主体教师的个性化存在；难以激活学生的情感交流，不利知识目标的动态生成；传播渠道过分依赖有形载体，师生精神交往亟待重建；硬环境与

软环境难以契合，整体传播功能有待优化。

随着信息传播技术的快速发展，以互联网和新媒体为代表的多媒体教学（CAI）广泛进入课堂传播活动之中。新媒体是一种利用数字、网络、移动技术，通过互联网、无线通信网、有线网络等渠道以及电脑、手机、数字电视等终端，向用户提供信息和娱乐的传播媒体形态。[1] 在课堂传播活动中，投影仪、录音录像设备、计算机、网络等备受青睐，新媒体所具有的生动直观、海量信息与共享性、个性化、交互性、多媒体与超文本等传播特点与课堂教学过程相结合，改变了传统的教育教学程序，形成了新的课堂传播模式，线上线下相结合的开放型课堂教学方式受到欢迎。尤其是对作为传播主体的教师而言，新媒体环境下的课堂传播在备课、板书、讲解、练习等环节节省了时间成本，丰富了课堂信息，而且教学形式更灵活，沟通渠道更畅达，传播效果更直接。但是，新媒体是双刃剑，将其运用于课堂传播中，能否紧贴课堂教学的本质属性，实现超越于传统课堂传播之上的效果，就是值得深入思考的现实问题。基于此，笔者拟在以往研究的基础上就新媒体给课堂传播带来的一些负面效应予以初步探讨，以就正于方家。

1. 工具理性无形削弱了传播主体教师的个性化存在

据美国学者艾伯特·梅瑞宾的研究，人际传播 38% 的信息是声音（包括音调、变音和其他音响）传达出来的，语词传达的信息只占 7%，而其他 55% 的信息靠无声手段传达。[2] 课堂传播的"无声手段"包括多种教学传播方式，比如身教、情境等，而非语言符号的作用十分重要，包括手势姿态、眼神移动、面部表情、衣着打扮等。这些非语言符号是教师身份个性特点的显现，也是其教学风格的表征。新媒体传播环境下，教师过分的技术崇拜和工具支配心理，使非语言符号的传播功能常被忽视，甚至传、受双方依赖、放大作为工具或平台的新媒体技术，有时还会出现教师"正襟危坐"于电脑前"照本宣科"，学生紧盯屏幕而忙于记录、拍照的情形。这样，师生的交流互动为技术崇拜所淹没，削弱了师生间的情感表达，限制了传播渠道的拓宽，教师的主导作用无以发挥，从而在一定程度上泯灭了教

[1] 陶卫平. 新媒体在高校教学中的应用研究 [J]. 大众科技，2013，（171）：168-169.

[2] 周庆山. 传播学概论 [M]. 北京：北京大学出版社，2004：75.

师角色的个性化特质及课堂传播的魅力。

　　课堂传播建立在教师对知识信息进行加工、消化、整合和有序化的基础之上，以形成符号化、结构化和开放性的思维布局。教师在将信息由过滤态转化为课堂前传播态的过程中，要考虑信息适合于哪种编码方式，教师具有怎样的编码水平，教师选择哪些教学媒介，学生接受信息的思维定式等因素。[1] 其中教学媒介的选择要考虑师生的需求状态及对信息传播的适应性。如果传播主体教师单纯将知识信息本身的逻辑理路和传播属性与新媒体黏合，依赖于新媒体的技术端口，对知识信息的编码和结构化处理刻板、固化而缺乏个性化选择，在很大程度上影响了教师的主导地位。而且，新媒体具有知识信息储存的海量性与超链接优势，教师容易沉浸其中，把文字、图片、动画、音频、视频等源源不断地搬上课堂。而这些知识信息一旦超出学生的吸纳力，就会使之对传播者意图进行协商式或对抗式解读，课堂对话无以完成，影响了师生的良性互动。因此，工具理性消解了教师主体的个性化特征，课堂传播形式掩盖了课堂内容的人性诉求。

　　2. 难以激活学生的情感交流，不利知识目标的动态生成

　　学生在课堂传播场域与情境中，对知识信息及其接受效果有心理预期，当传受双方契合一致时，就能实现课堂的优化效应，实现知识传授目标。新媒体环境下，学生对知识信息的接受不是被动的，倾向于主动获取与扬弃，追求情感氛围的营造以及愉悦的心理体验；注重课堂传播的现场感，信息的高效能，看能否在生动活泼的传播氛围中让自己有轻松愉悦地接受体验。[2] 而当新媒体成为教师实现教学目标的主要工具和手段，学生被当作"预成性教学"的被动接受者，教师只一味地抛出文字、声音、视频、动画等文本信息，就会忽略与学生的情感沟通和对其心理欲求的满足。其实，教师在课堂上的一个眼神、手势、表情都富含情感和意义。情感缺失易使师生间的距离变远，无法营造共同的意义空间和传受的心理默契。从而，学生对教师的知识信息传播就会出现疏离感，课堂氛围就会单调、沉闷，传播效果就会走向扁平化。学生并非单纯接受知识信息，而是拥有自主吸纳

[1] 张九州. 课堂教学的传播要素探析 [J]. 哈尔滨学院学报，2003（12）：100–102

[2] 龙剑梅. 课堂传播中的知识信息预期与教学的基本形态 [J]. 现代大学教育，2010（4）：96–102.

和探索的主观能动性。学生对知识信息的接受与消化是一个动态的建构过程，从而实现意义与价值的升华与递进，并在体验与理解中与教师同步互动、扩充、延展，激起过去累积的知识记忆，激活其创造潜能，张扬其个性，生成新知识，从而实现课堂传播的最高目标。因此，在课堂传播中，学生如果缺乏愉悦的参与和情感体验，没有主动获取知识的心理提升这一生命过程，其接受效果就趋向扁平化，知识目标就难以实现。

3. 传播渠道过分依赖有形载体，师生精神交往亟待重建

课堂传播需要传受双方传播渠道的默契、畅通才能完成。渠道的宽窄深浅、畅通与否，直接影响知识信息传播的量与质。而课堂传播渠道是有形和无形的统一。说其"有形"，是因为要借助于一定的物质载体得以建立；说其"无形"，是指传受双方的心灵默契、精神交往。而在现实课堂传播中，有形和无形渠道往往相分离，存在重有形轻无形的现象。新媒体作为有形载体，以其内在传播优势备受教师青睐，成为课堂传播中赖以建构教学秩序的重要工具，但容易把师生分隔在两个区间，教师依赖播放课件，而学生看屏幕、听课、做笔记，师生之间缺少心灵沟通与精神交流。这样，学生被动接受知识，缺少深刻理解，缺少反馈与互动，因其单向直线传播而难以形成同步思维，构建共同的意义空间，不利于学生主动性思考与创造性想象的建立，不利于新知识的生成与知识框架的更新。课堂传播过分依靠新媒体这一有形渠道，忽视传受双方的多元交流，实际上是对教育教学本质的疏离，因此，必须重建师生之间、生生之间多边交往的精神默契关系。

4. 硬环境与软环境难以契合，整体传播功能有待优化

硬环境是指开展课堂传播活动所依赖的物质条件及构成因素的总和，包括教室、投影仪、音像、计算机、交互式电子白板等教学场地和设施。软环境是指课堂传播活动所需要的非物质条件，即管理水平、教学理念等所构筑的精神层面的环境。传播活动需要一定的硬环境和软环境相互支撑、不断完善和优化才能达到预期效果。课堂传播也不例外，必须强化新媒体传播的硬环境和软环境建设。但从现状来看，还存在诸多问题，需要进一步完善。虽然投影仪、计算机等设备已经用于课堂传播中，但各校资金状况不同，设备安装水平参差不齐，有的比较单一、落后，有的比较多样、先进，而不管怎样，硬件故障对课堂传播的影响客观存在。

有些教学用具比如交互式电子白板这种设备，尽管操作方便快捷，使用频率也高，教师青睐，但并没有普及。硬件的缺陷无形中影响到课堂传播的效果。软环境是一种人文环境，体现了媒介管理、教师理念等方面的水平。在管理方面，有的学校管理意识没到位，并未建立完整的网络管理系统，不同教学所用的新媒体之间也未形成相辅相成、相互补充的体系，对新媒体的应用频率和水平各不相同，有些设备成了摆设。从教师理念看，有的学校对课堂新媒体传播理念缺乏引导和指导，有的把新媒体课堂传播简单化、片面化，没有从新媒体对课堂传播各要素的整体功能来把握其本质。有些教师由于年龄和经历等原因，认为学习并提高新媒体技术没多大必要（同科研比，付出多，收获微），缺乏热情和时间投入，无法满足学生的技术预期。比如，计算机成了播放幻灯片的工具，其联网教学的诸多功能得不到有效性发挥；有些 PPT 课件过于简单，白底黑字，内容几乎是教材的复制。有些则内容过量，字体大小不当，色彩搭配不和谐，导致学生解码、接收信息的困难，影响了教师对课堂氛围的调动及课堂传播过程的掌控。

直面课堂新媒体传播的问题，就是为了推进新媒体与课堂传播的真正融合，追求课堂传播效果的优化，实现工具理性和价值理性的和谐共进。

新媒体技术在课堂传播活动中的运用以及受教育对象的新变化等，都要求作为课堂传播主体的教师充分调整自我教学活力，在以人为本中坚持差异化教学，追求仪式感以内化学生自主性，树立教师自我形象实行身教，挖掘文化资源实行境教，从而不断优化课堂传播效果。

（二）课堂新媒体传播的应对策略

新媒体技术在课堂传播活动中的运用以及受教育对象的新变化等，不同程度地冲击着传统的教育教学理念，改变课堂传播的思维习惯和话语方式，给课堂传播提出了新的挑战。作为课堂传播主体的教师必须充分调整自我教学活力，适应新的课堂传播要求，探索新的课堂传播艺术和策略。笔者拟从整体宏观视角对此进行简要分析。

1. 坚持以人为本的差异化施教

课堂传播是在教师引导下，一群年龄相仿、同年级、同专业的学生，在相同物理时空下，通过相同路径设计，完成对规定知识掌握的一个动态过程。学生是具有创造性的生命个体，其在天资、性别、个性、家庭、地域、经济、文化程度与受教育的基础等方面，都有各自的差异化特点，或先天的，或后天的。当然，人的差异是以个体的人具有正常思维能力为前提的，其中由社会、历史、地域等因素所造成的差异成为重点因素。在中国古代的封建社会，教育历来面向统治者，比如"学在官府"就体现了西周教育特点，"唯上智与下愚不移"[1]实施的是愚民政策，享受教育成为少数有钱有势者的特权。同时，中国古代是男权社会，重男轻女，"女子无才便是德"思想根深蒂固。尽管时代走到了今天，女子与男子所受的教育及得到的社会承认度并不完全均等，这从当前女性求职就业等方面可窥见一斑。从历史和地域差异看，我国东西部经济发展极不平衡，从而导致各地域之间教育发展水平的差异。就是来自同一地区的学生，其家庭背景、经济状况或文化水平较优，其获取知识信息的能力就较强。其父母社会地位、文化层次高，自然就可获取较优质的教育资源，学生综合素质就高，接受能力就强，就能轻松愉快完成学习任务。鲁迅说："读书人家的子弟熟悉笔墨，木匠的孩子会玩斧凿，兵家儿早识刀枪……"[2]这体现的是家庭文化教育对人的影响而造成的差异。正因如此，为教师，就应尊重学生天性，用师德、知识影响和教育学生，不再人为拉开并加剧学生之间的差距，不再制造下一代之间的不平等。课堂传播在遵循教学大纲与计划的前提下，教师作为传播者就要遵循"以人为本"原则，在内容安排上要有差异化考虑，课堂设计要有梯度和层次感，比如对中等生就应使之在课堂上获取和消化知识，达到"一课一得"的效果，对接受力强的学生则安排"拓展阅读"及课后思考练习，以满足其个性化需求，对后进生则要多花精力和时间予以课后指导。就是同一层面的学生和同一难度的知识，学生在接受时也是有差异的，思考问题的角度、深浅、广狭有时截然不同，其理解各有千秋，会得出不同甚至相反的结论，教师往往难以预期，就应区别对待。这些都说明课堂传播应彰显人的个性，贯彻、实施人尽其才的理念。《论语·先进》中"子路曾皙冉有公西华侍坐"所述孔子与学生"言志"

[1] 赵又春. 论语真义 [M]. 长沙: 湖南师范大学出版社, 2016 : 437.

[2] 鲁迅. 且介亭杂文二集 [M]. 北京: 译林出版社, 2018:82

片段，展示出孔子对学生不同个性风格的整体把握：老师循循善诱，学生畅所欲言，毫不隐瞒自己观点，在宽松、自由、愉快的教学情境中达到了教与学的相得益彰，师生各尽所能又各取所需。这就是以人为本，尊重学生个性的教学至境；这就是作为教师，头顶有天空，心中有远方、诗意，眼前有鲜活学生的动态情境教学图景。只有课堂上教师拿捏很准、进退自如，课堂氛围松弛有度、节奏有序，才能达到差异化教育教学策略实施的终极目的，从而实现教育公平的最大化。这样，孔子"以人为本""德治天下"的政治主张才可能代代相传，其"因材施教""教学相长"的教育理念才可以穿越时空，润泽后世。特别是在新媒体大量进入课堂传播的新场域下，作为传播主体的教师应摆脱其作为教学手段所带来的工具性规约，直面一个个具有鲜活生命和敏锐自我感知力的学生，承认并把握学生存在差异这一事实，构建基于差异化教学的协作学习共同体。

2. 追求仪式感以内化学生自主性

随着传播高科技的发展，以投影仪、录音录像设备、计算机等为代表的新媒体被广泛运用于教育教学活动之中，课堂传播呈现出新的特点，比如传播现场的生动直观、信息的海量性与共享性、互动交流的个性化与交互性、多媒体与超文本等。新媒体与传统课堂手段相融合，给课堂传播带来便捷与积极的影响，同时也具有难以克服的负面效应。李希贵在《学校转型》中提出，有关调查数据显示，新媒体教学传播只可让41%的学生跟上教师思维，解决学习问题。这说明一些教师重在关注课堂教学进度与知识量的覆盖，对学生的差异及学习目标的达成缺乏全盘考虑。教师本应在课堂传播中起主导作用，但不小心就成了新媒体的"操作工"与"放映员"。同时，为了让学生的视线和注意力集中于屏幕，还要关上灯光及窗帘，致使传播环境昏暗、压抑，教学过程由"人灌"升为"电灌"，容易眼睛疲劳、精神困乏，难以调整学习激情和思维积极性。正因如此，传统的课堂传播媒介（如板书、非语言符号）被挤压，特别是课堂环境、教师仪表及语言对学生精神属性和个性化的影响被忽视，致使课堂失去了应有的庄严感、神圣感，损毁了已形成的规范化教育成效。说到底，就是课堂传播仪式感的缺失。仪式是一个群体在重大事件和非常时刻形成的程式化、模式化的活动形态。仪式感是一种深入人心的成长教育，是一种由外到内的养成教育，在感染和教化中激发自主性。教师设计并给学生传达一种怎样的仪式感，学生就会获得一种怎样的价值观。仪式是学校教育的重要载体，大到开学典礼、升旗仪式、入团仪式、毕业典礼、颁奖仪式等，小到校门外问好仪式、上下课仪式等。学校常规活动仪式的价值，就在于赋予某个时空以特殊意义，通过一些看似简单的动作和形式来传递信息的重要性。课堂传播更应有仪式感。学生进教室上课，教师上讲台授课，本身就是充满仪式感的活动。这种仪式感能让学生更好地自我约束和自我督促，促使其不断超越自我，臻于完善。比如，学生在课前将需要使用的教材、笔记本等学习用品按惯例一一清理、摆好的过程，会让其调适心态，稳定情绪。同时，一些看似无关乎上课的行为，实际上体现了学生对课堂的重视，说明了在作为接受者的学生心中，上课是一个需要认真对待的过程。再比如，上课铃声一响，老师的一声"上课"，班长的一声"起立"，伴随着全班同学的肃然起敬和异口同声的"老师好"，接着就是老师的一声"同学们好，请坐下"，简短的课前师生问好仪式，让学生瞬间摆脱了课间的杂乱喧嚣而迅速静下心来，融入课堂传播境界。这种仪式程序不但没有浪费时间，相反大大增强了课堂传播效果，也正是教师智慧的体现，在一定程度上表征了教育理念和价值取向。仪式所带来的是一种神圣感、庄严感、参与感、被重视感或归属感，唤醒了学生内心沉睡的自主意识，暗示学生作出自我调整，做到与群体成员步调一致，也满足了学生的某种精神需求，培养和内化其自主性。

3. 树立教师自我形象以实行身教

教师要具有仪式感教育意识，并贯穿于课堂传播始终，身体力行，树立表率，首先在于教师自我形象的塑造。仪式，是一个不可忽视的教育基点，实际上就是情境化教学的一种体现。教师在课堂显得庄重、肃穆、认真、神圣，话语形式流畅优美，从里到外充满正能量，学生首先就会为这一情境所信服和打动，对老师的师德及课堂传播状态产生认同感、自豪感。这就是教师自我形象的内在力量和外在感染。虽说教师不像医生、法官一样，会有固定、统一的制服，但教师职业不允许教师着装随意、邋遢、前卫、时尚（当然艺术类等特殊专业相关课程的教学对教师有特定的要求）。教师在课堂上穿正装，精神饱满，就直接为学生生活、学习习惯的养成树立了榜样，形成一种仿效的印象。言教寄于身教，有时身教重于言教。着装可以表达内心诉求，也可以传递情绪和人格，体现教师作为传播主体的审美取向，以无声的外形培养学生的品位，提升学生的精神气质。从教师的课堂礼仪行为和话语特征看，教师进教室前准备好教材、教具、教案，不携带通信工具进课堂；讲课不坐着、不靠着，也不过多来回走动；多用敬语"请"字和尊敬手势；目光关注每一个学生，以平和的心态和饱满的情绪对待每一位学生，更不讽刺挖苦学生，就会通过无形的自我形象潜在地影响学生。总之，教师的言行举止和自我形象，彰显的是内在的涵养、丰富的学识、情感的能量和道德的力量。教师就是内外兼修的美的使者，是受教育者的标杆、榜样，堪为学生终身师表。

4. 挖掘文化资源实行境教

课堂传播应该与挖掘文化资源以实行境教这一方式相结合。学校是教书育人的场所，讲究程序和规矩，时间管理严格，承担着传授知识和价值体系，培育人才的使命和责任。学校就是专门用来教与学的地方，是庄严神圣之所在。无论是校门、国旗、升旗台、操场、球场、教学楼、图书馆、食堂、寝室等看得见的硬件，还是校训校歌、学风教风、教育发展质量、历史沿革、办学理念、管理水平等难以看见的软件，或者是学校的建筑设计、整体布局、道路标识、大楼标牌、亭阁台榭，都表征着历史文化底蕴，富有教育的意味。这是课堂传播空间的整体环境，也是校园各种元素的布局状态，往往体现了教育者的匠心，对身处其中接受教育的学生无疑有陶冶性情、培养情怀、导引价值取向的作用。教室外面走廊的布置，所张贴字画的内容选择、装帧风格、审美启示等课堂传播小环境，都能让学生进入一种文化的殿堂，神思飞扬，创意活泼。而教室则是传播主体的教师具体授课的场所，课堂是知识传播的主阵地，讲台、课桌、黑板、投影仪、电脑等各种为教学服务的基本设施，洁净有序，使用方便，都能给学生赏心悦目的感觉，形成对学习的喜悦感和对生活的热爱。黑板上方悬挂的国旗，鲜艳醒目，是爱国主义教育的有形载体，教室后墙的班级日志、学生出的手抄报或板报，左右墙张贴的励志格言警句等，看似是有意无意的布局安排，实际上是学校组织管理者、班主任的匠心、智慧所在，能引导学生步入另外一个时间、空间，实现角色的转换，张扬读书学习的气场。踏入教室，意味着一个时段的结束或开始，在与教师的交流互动中接受新知，感悟和体验所获。课堂传播的力量，在于"塑造"，而不是"灌输"，即使是日常固定的小举动，也会在瞬间的美好中使学生渐渐形成对生活的理解。这是一种持久、缓慢而温暖的养育力量。从这个角度而言，境教其实也是一种强烈的自我暗示，能够使学生自我优化，逐步提升专注力、反应力、思辨力，引领其道德取向、价值观念、生活习惯等。当整个课堂营造出了富有文化气息与审美含量的传播氛围，就能对学生进行一种无声的潜隐的养成教育，以其内化渗透作用而形成长远传播效应，着眼的是当下，影响的是学生一辈子。

▶▶▶

第八章

课堂传播艺术

　　课堂传播是一种主体性行为，是一种创造性劳动，需要智慧，也有艺术，笔者在本章拟选取四个问题对此予以分析。

一、追求知识信息对学生的契合度

　　课堂教育教学过程中的知识信息作为传播的内容，如何更为恰切地契合作为受者的学生的需要，是一个最为关键的问题。根据笔者的思考，要做到这一点，就必须使教师的知识储备及其使用程度、教师的角色和心理对学生具有适切性。

　　通常情况下，教师的知识程度高于学生的需要水准，教师的知识数量大于学生的需要范围，但应该有专业化与普及性的区分，高深的知识可以传播得通俗易懂，其间需要高超的传播技巧，"名师"与"庸师"在某种程度上就以此为区分。但当一个人的知识结构过分专业化的时候，其思维往往具有一种专业性的局限，固化于某一领域而受到思维定式的影响，缺少大众化传播的通用话语，往往带上专业话语的桎梏，这也是当下科普工作开展得并不令人满意的一个原因。如果一个研究生去教幼儿园的孩子，是否恰当呢？如果具有教育孩子的天赋与本领，是可以考虑的，但并不是想象的那么容易，其中最为重要的是知识转化，其次是身份与角色认同，还有心理的相容。所谓"知识转化"，即要打碎乃至颠覆自己已有的知识结构，重新布局、组装成适应幼儿需要的知识系统，相关的知识名词、专业术语等要悄悄"退隐"，而代之以幼儿的语言，并以这种语言既表达知识信息，又满足幼儿需要。那么，打碎的知识结构能否寻找到新的话语系统，乃是一个最大的挑战。实际上，这时教师在幼儿课堂传播中要实现知识程度由上到下的转换，就其知识储备与程度来讲，是绰绰有余的，而就其课堂传播话语系统的重建来说，则需要克服思维的定势，扭转语言表达的习惯，在充分了解幼儿言语特质的基础上找到表达的方式与切入口。所谓"身份认同"，即要放得下架子，具有职业信仰和职业精神，在职业定位的基础上表现出对事业的无比热爱；所谓"心理相容"，即是说学历的取得是需要时间的，在这个过程中，人的年龄与心理具有共生性，随着年龄的增大，心理会具备与之相适应的特点，在中国当下的学制下，一个人学历连续至硕士研究生毕业，以一般情况计算也要到二十五岁左右，对幼儿园的孩子来说，这种年龄是否存在心理的差距和情感的差异，从教育心理学的角度讲是值得思考的。权且不说"代沟"，就是这种差异如果存在，也会客观上影响师生之间信息传播的效果。以前我们的师范教育从初中毕业生中选拔，而且能歌善舞，能说会道，基础性的综合素质非常全面，是按照幼儿教育的规律与要求来训练的，与幼儿的心理、情感十分贴近，年龄上也有优势，在长期的工作实践中自然会形成符合幼儿成长要求的思维方式与课堂传播艺术。应该说这是符合人们认识特点与成长规律的。而十分遗憾的是，当下很多师范学校并没有得到应有的重视和发展，有不少还消失了。那么就说明，并不是各个层次的教育教学都是学历越高越好，对教师的培养应该是分层、分级的。博士去教中学，是否其所有的知识都用得上？是否在思维方式上有隔膜？如果用不上、有隔膜，那就是人才的浪费，就是教育资源的浪费。那么回到前面的话题，其中关键点就在于教师的知识结构是否对教育对象具有适切性，如何使课堂传播的信息契合学生的需要。走上教师岗位，其知识的量和质大于、高于学生的需要，是基本的要求与道理。那么有没有教师知识的量和质小于、低于学生需要的情况呢？从教师整体层面来看，应该是没有的，也是不允许的，但在课堂传播的具体过程中，不管是怎样的教师，对某一个问题的思考与解答，在某一个细小领域的知识修养，可能会遇到挑战，有时不能顺利解决。特别是对于富有创造激情和灵感的学生，其思维的敏锐性与速度超过教师，从课堂传播的信息中引发一连串问题的思考，其知识生成很快。这种状况的存在说明在师生课堂传播的互动中，其思想的碰撞与知识的交会，往往能推动课堂传播的矛盾运动，能对教师自身的完善和发展形成促进力量。有研究者指出："我们的需要使我们易被说服，而卓有成效的说服者恰好成功地判定我们的需要。如果他们错误地分析了需要，说明就可能成问题。"[1]作为传播者的教师，要随时把握、

[1] 黄鸣奋.需要理论及其应用[M].北京：中华书局，2004：107.

判断、分析、理解作为接受者的学生对知识信息的需要，同时要善于巧妙地运用各种传播手段和课堂艺术形式，唤起学生的需要并激发其潜能。

这种"唤起"和"激发"，既存在于每一次的课堂传播之中，也存在于教师经过系统安排与整体设计的课堂传播活动中，是现时性与历时性的统一、阶段性与长期性的统一、个别性与普遍性的统一、变化性与稳定性的统一、规定性与灵活性的统一。在每一次的知识信息传播中（即每一堂课中），教师的课堂设计有一个过程，开端、过渡、高潮和结尾，依序推进，有如一件艺术品，线索分明，波澜起伏，主题突出，而从其整体的课堂设计来看，则又是一个连续的艺术化过程，每一堂课彼此衔接，每一次课相互关联，首尾相接，起承转合，前后一致，构成一条总的思维脊骨，将各分散的知识信息点串联成一个整体，形成一个开阖自如、自成规格的知识体系。因此，教师作为传播者，其课堂设计是点面结合地从阶段走向全过程，以"点"推进"面"，以阶级性覆盖整体性，由点式的意义空间逐步扩展为系统化的意义空间，直至完成某一门课程的教学；而对作为接受者的学生来说，也是由点式的意义空间的领悟和参与，而不断拓展自己的知识面，走向系统化的意义空间，直至形成某一课程的知识系统。而从整体上来说，则又是由某一课程的"点"而走向整体的"面"，直至形成由若干课程所构建的某一学科专业的知识结构，其间经过了吸纳、内化和加工的复杂过程。在这样一种对知识信息的传、受过程中，教师知识储备的量与质同学生的需求是顺向推进的关系，整体而言是一个契合的趋向，或者由局部不契合而不断调整、完善、适应，直至契合的过程。教师主导课堂，把握受众的需求，才能形成激励机制。激励是对需要的满足，同时也是对未来的向往，学生作为课堂传播的受众群体，正是在满足与向往中逐步走入新的知识生成境界。教师在信息传播和与学生的互动状态中，哪怕是以不经意的方式对学生的需要予以满足，也是一种激励。因为学生是带着需要来到课堂的，需要是其思维和行为的动力。教师以知识信息与学生的需要形成一种"交换"，实际上这与物品的"交换"是完全不同的效果。教师所传播的知识信息能填充学生的心理渴念，形成满足状态，这实际上也是知识信息的一种增值过程，因为越是层次高的学生，越拥有较丰富的人生经验和对生活的体认，带着自己已有的知识，与其在课堂上接收的信息化合之后，便提升了知识的层次，丰富了其拥有量，并会生成新的知识信息"值域"。这个"值"是一种新的价值存在，学生正是在这种"值域"的不断生成与延展中得到、找到自身的激励机制，形成自信和发展动力。教师的激励是多种多样的，可以表现为口头语言的肯定，也可以是手势、眼神等非语言行为，还可以在与学生的交流讨论或书面表达中完成，而教师对学生知识欲求的满足本身也是一种激励，对学生的信赖、珍爱、关注、欢迎、欣赏、理解、重视、认同、宽容、仁慈、厚道、鼓舞等，则更多的是人格与精神的激励，是一种无形的情感力量与心理效应，往往诱导学生将这种激励的力量转移到实际的学习行为中，化为生活的动力。精神的力量是无形的，也是无穷的，教师作为知识信息的传播者，所拥有的课堂物化空间有限，而其意义空间无限，其精神世界宽广，不仅作用于学生的知识系统，而且作用于其精神世界和人格层面。所谓"教书育人""教师是人类灵魂的工程师"，从这个角度来理解，也就更为具有教育学和人学的意义了。

二、公共课程教学改革的思考

笔者拟以新闻与传播专业公共课程教学改革为立点予以分析。新闻与传播专业公共课程教学必须构建科学的教育教学理念；动态把握学生的个性特点，提高教学质量；不断改进教学方法，增强课堂魅力；把握新闻与传播相关专业的特质，优化教学效果。

自20世纪90年代特别是21世纪以来，适应信息社会和文化产业发展的要求，我国新闻与传播高等教育得到了快速发展，课程体系形成，培养目标明确，教育体系初具形态，办学特色较为鲜明。目前，在新闻与传播一级学科下设有新闻学、传播学两个二级学科，许多学校办有新闻学、编辑出版学、广播电视新闻学、广播影视编导、播音与主持艺术、广告学等专业，由于新闻与传播学科有特殊的专业规约与内在的学科基础性要求，综观其课程体系，每个专业的课程设置均立足于深厚的人文学科背景，为了拓宽学生的人文视野，引导其形成合理的知识结构，打下扎实的文化基础，在各专业通开了《基础写作》《现代汉语》《中国文化概论》《西方文化理论》《中国古代文学》《中国现当代文学》《外国文学作品选读》《文献与信息利用》《公共关系学》《美学概论》《文艺学》等文学、文化学、信息学方面的公共课，也即本文所说的新闻与传播专业公共课程，这些课程对于夯实学生的文化基础具有十分重要的作用。但是，在现实的教育教学活动中，学生在思想认识与学习行为上对此并不重视。一是因为学生多有专业至上的思想，较为普遍地认为只要学好专业基础理论与技能就行了；二是这类文化素质课更多地融入学生的思想血液之中，是学生可持续发展的基础，见效于长远，而学生更重视如何上手快，如何更好地运用的问题；三是这些公共课相比于一些专业课，知识性更强，与实践相距较远，可操作性不够，学起来容易觉得枯燥乏味，给教学也带来了难度，难以达到理想的教学效果。基于此，笔者拟从教育实践者的角度，对如何改进新闻与传播专业公共课程教学的问题作些粗浅探讨，以就正于方家。

（一）信守科学的教育教学理念，是有效开展公共课程教学的前提

认真学习教育教学理论，努力把握新闻传播学科相关专业的特征，运用科学的教育理论指导教学实践，并不断更新知识结构，站在学科前沿，把握学科教学及其改革的动态，将最新的知识传授给学生。随着现代科技对新闻传播活动的深刻影响和文化产业化步伐的加快，特别是受众需求多元化对传媒的影响，新闻传播学科出现了许多新的特点，加上其本身时刻面向生生不息的传播活动，实践性非常强，必须在加强专业建设的过程中不断深化教育教学改革，打破单一的、封闭式的传统教学模式，使人才培养紧跟时代的发展。一方面，夯实专业定位，加强专业建设，确立培养"厚基础，宽口径；重实践，求创新；素质高，适应广；能力强，后劲足"的新闻传播学人才的总目标。另一方面，在"融素质教育与业务培养为一体，让基础理论与专业实践相沟通，将知识传授与能力提高相统一，使教学与科研互动共进"的人才培养模式下，注重学生的全面发展和个性培养，培育坚实的文化功底。而这正是公共文化课程的任务与目的，也是其他课程所不能代替的，要求师生在思想上高度重视，并且充分挖掘学生的学习潜能，激发学生的学习兴趣，引导学生从自己的个性特征出发来构建具有自身优势与特点的知识结构；整个课程体系的编排和布局既符合新闻与传播学的学科特点，又强调背景知识、学科一般原理与新闻传播岗位技能训练的结合，适合现代新闻传播人才对复

合型知识结构的具体要求。这样才会使人才培养模式形成一个具有自身活力的完整体系，符合我国经济社会发展的实际需要和新闻传播学科自身的规律，为复合型人才的成长提供前提。

（二）动态把握学生的个性特点，是提高公共课程教学质量的基础

把握新的社会环境与教育语境下大学生的成长特点和求知需求动向，有的放矢地组织教育教学，既把提高全体学生的综合素质当作重要任务，又关注学生的个性化成长与自由全面发展，才会真正提高公共课程的教学质量。第一，新闻与传播学专业的学生活泼开朗，目光敏锐，与时代合拍，特别善于接受新思想、新事物，而且要求在拥有厚实文化知识的基础上追求知识的应用性。第二，他们有意识地培养自己观察社会与生活的独特眼光，对社会的发展变化反应灵敏，有相当的分析力和判断力，看待事物的方式独特，既要求有思想性，又处在思想的形成过程之中，需要正确的引导。第三，新闻与传播学科内不同专业的学生表现出不同的职业要求与个性特点，在共性中凸显明显的差异，其不同的知识追求与发展定位，要求在教学中有所区别。第四，同一专业的学生也因其家庭与社会等因素的影响而有不同的个性特点，其知识积累的侧重点有别。第五，对课堂教学的开放性与创新性有较高的要求，自主能力与参与欲望较强，最忌墨守成规与因循封闭。第六，大多是独生子女，加上社会竞争激烈，就业压力大，更多的需要精神与心理的引导等。对于学生的这些特点，教师必须心中有数，而且善于在教学各环节中结合专业的特点与学生的要求，根据不同情况、以不同的教学方式满足学生的求知欲。比如开设《外国文学作品选读》时，就要紧密结合新闻与传播学专业的特殊要求与学生的特点，引导学生赏析外国文学名著，重点提高对文学作品的分析与判断能力，拓展审美素质与艺术鉴赏能力，树立人文精神，构建合理的知识结构。同时联系相关的文学作品，进行情感的熏陶与人生观、价值观的教育，帮助学生克服心理与精神上的困惑，树立人生的理想信念和积极向上的生活态度。同时通过参加入学教育、主题班会等形式，了解学生的特点，既在教学中提高学生的理论素质与分析、解决问题的能力，又充分调动其学习积极性与创造的激情，在师生互动中构建创造性的学习环境。

（三）不断改进教学方法，是增加公共课程课堂魅力的重要途径

面对来自学生的新要求和现代化教学手段的运用，教师必须改进课堂教学方法，不断优化教学效果，提高公共课程课堂教学的效率与魅力。在教学方法上，尽力把理论教学与案例教学、情景教学、赏析教学结合起来，把生动的事例与实际经验引入教学，将一些案例上升到理论高度，以情景化、案例式和互动式教学，全面提高学生的素质与能力。《外国文学作品选读》一类的文艺课程可采取多媒体教学，以具体的作品情景感染学生、吸引学生，使其在潜移默化中学习知识，接受审美教育。同时注意在理论教学中穿插讨论式教学，营造轻松自在的课堂气氛，让学生养成积极思考与分析问题的良好习惯；在知识结构上，强调背景知识、文化知识、学科一般原理与新闻传播岗位技能的结合，在理论与实践的统一中，通过学习内容和方式的多样化，形成学生的复合型知识结构；注重让学生打下扎实的知识基础，培养厚实的文化素养，形成扎实的知识网络系统。学生只有掌握了过硬的专业基础，才会有在新闻传播领域发展的根基；只有具备了厚实的文化素养，才会有背景知识和文化支撑，在某一文化领域游刃有余；只有熟悉新闻与传播规律，才会将理论运用于实践，将学理与实务，将专业知识与可操作化技能结合起来，真正成为适应新闻传播业需要的专门化人才。中国的新闻传播业越成熟，对人才的专业化程度要求就越高，但由于这一领域的特殊性，这一专业的学生必须既是专家，也是杂家，既懂理论，又有一定的实践经验，这就要求探索特色教学，改变单一的知识结构形式，既要引导学生尽量扩展知识面，又要具备一种行业适应能力和创新能力，以实践为中心，发展学生的个性特长，培养其创造力，形成独特的知识结构和充分适应新闻出版业需要的综合素质。在思维方式上，注意养成学生良好的思维习惯，鼓励学生质疑提问，培养其创造性思维，既授之以鱼，又授之以渔；不只告诉学生"是什么"，更要引导他们去思考"为什么"，在对问题的启发与悟思中获得真知，让其从被动走向主动，养成积极的学习意识和创新能力，掌握思维方法，在快乐学习与潜移默化中接受人文素质教育。

（四）把握新闻与传播相关专业的特质，是优化教学效果的保证

新闻与传播专业具有实践性与应用性强的特点，在专业教学中，普遍重视实

践教学，构建理论与实践相结合的教学体系，逐步形成了理论与实践并重的教学模式，而且专业实习作为新闻传播高等教育的本质要求，是本专业教育教学系统的重要环节，因此学生在学习中一般都有专业崇拜的倾向，对专业课程学习重视，而文化素质等公共课程偏重知识的传授，从内容到教法都较为传统，学生容易放松学习，甚至觉得枯燥，不感兴趣。其实这是学生思想认识上的一个误区。一方面，新闻传播学科本是属于文学这个门类，包含在文学这个大的学科之中；另一方面，在新闻传播的各个专业中，不管是新闻学、编辑出版学，还是广播电视新闻学、广播影视编导等，其从业要求均需要扎实的文化基础，都离不开语言文字的运用和文化素质的支撑，思想力与思考力才是新闻传播人才的核心竞争力，思想与文化才是媒介竞争的灵魂。新闻生发于人类思想文化的沃土，昨天的文化支撑今天的新闻，今天的新闻是明天的文化，新闻与文化一脉相承。编辑出版活动则其本身就是一种文化活动，产生于人类文化活动之中，又推动着人类文化的发展，而且编辑出版学的学科交叉性、复合型非常明显，其本身依托于各学科，又可从各学科的发展透视出编辑出版活动的文化功能，因此编辑出版学人才的成长必须具备扎实的背景知识与学科依赖，不能单纯地追求技艺性与外在的编辑行为。即使播音与主持这看似是语言表达与外在形象气质非常重要的工作，但其内在逻辑也是按文化规律运演的，是一种文化的表述，需要文化的修炼。因此，学生进入实际工作环境，面对新闻传播活动系统，如何将所学知识转化为能力，其关键的中介就是文化及其调节器，这是分析、处理、解决实际问题的深厚底蕴。因此，文化类公共课程是考核学生专业学习与能力的一个重要标尺，是实现新闻传播专业人才培养目标的保障。基于此，教师在教学过程中，应该把握所教文化公共课程与相关专业课在内容上的联系甚至相通的地方，让学生认识到文化公共课程对于自己所学专业的作用，更重要的是在两者之间找到切入点，激发学生的学习积极性。比如，很多编辑出版家本身就是文学家、语言学家，有很高的文化修养，而且编辑出版史本身就是文化史，因此在编辑出版专业的教学中，就应该善于寻找两者的内在联系，让学生在无形的知识相通中产生学习动力，深化认识，构建科学合理的适应性强的知识结构，提高综合素质。

引导学生全面发展、健康成长，是一名教师不变的追求。车尔尼雪夫斯基说过，要把学生造就成一种什么人，自己首先就应当是什么人。相比之下，新闻与传播专业公共课程教学对教师的要求更高，包括知识面、教学方法等，教师应该利用各种机会多与学生沟通交流，倾听学生对教学的意见，吸取其合理建议，让教学更贴近学生，让学生在对知识的热爱中将学习变为自觉自由的行动。

三、课堂传播中的提问艺术

提问艺术在课堂教学中的运用，并非一种始于今日的新的教学手段，但它又是必不可少的。如何联系各门课程的具体实际，在传统提问方式的基础上，不断总结经验而力求创新与改革，以适应新的形势发展，真正为教学改革服务，则是一个值得深入探索的现实课题。笔者根据自身的教学体验，认为在课堂提问这一环节上，尚存不少值得深入探索与研究的问题。一是提问如何切合每门课程的特点，在遵循教学普遍规律与原则的基础上，探索和掌握每门不同课程的特殊规律即特殊性，克服各门课程提问千篇一律的弊端，使学生不厌烦于那种每门课程整齐划一的提问方式；二是提问如何从每个教学班学生的实际出发，以大范围的覆盖面广泛适合不同水平层次学生的个性要求与求知欲望，克服优生活跃、差生兴趣不高的课堂缺陷；三是提问如何真正具有新见，又不离纲离本，充分调动学生的学习积极性，创设一种情绪活跃、精神饱满的课堂教学环境，避免枯燥的老师问学生答的单一交流渠道；四是提问时教师如何恰到好处，把握时机，唤起注意，在与学生的双向交流中掌握一个能从学生所需出发又能体现教师创造性的"度"，即适度性原则，克服无的放矢，漫无目标，多而泛但收效甚微的毛病；等等。鉴于此，本文拟从实践者的角度，对语文教学中的课堂提问艺术作一些分析论述。

（一）语言是人类重要的交际工具

提问正是一种课堂语言的运用形式，是以教师为主导巧妙激活学生思维、有效创设课堂情景，引人入胜的一种语言技巧，是谓提问的教师"主导论"。作为传授语言知识、培养学生运用语文知识分析解决实际问题，即听说读写能力的语文教学，其课堂提问较之其他学科，有自己的特殊规律，且显得特别重要。因为提问的形式多半以问话、对答的形式出现，其间包含着提高学生语言特别是口语表达能力、训练学生语言素质的任务。善于说和听正是学生理解、分析、归纳、判断等多种思维能力的综合体现。从学生答问的言语表达看，一则可了解到每个学生的语言素养；二则可采取相应的措施，对学生进行训练。因而，可从传统的单一信息传输中解脱出来，扭转教师讲学生听的单向交流局面，通过问、答或口答或笔答或小组讨论集中答等形式，变为双向、多向交流。可以说，课堂提问这一形式直接与语文课的培养目标相吻合。

在教学中，教师有意为学生设置必要的疑问，能增强学习兴趣，培养思维能力，既有从教师到学生的信息传递，也可疏通从学生到教师的信息通路，教师能及时了解学生心理过程，发现问题，改进教学。可见，提问是激发学生兴趣、启发学生深入思考，参与课堂活动，提高教学效率的重要环节。在语文教学中，提问必须恰当运用语言，以解决问题为归宿或目的，通过对问题的讨论，提升学生科学思维能力，培养科学思维方法，敏捷思考，迅速答问，引发创造性。第一，提问作为解疑析难的教学手段，必须体现教师在语言文字运用上的教学技巧和方法。其本身便是一种运用语言的课堂艺术。第二，正因其建立在教材语言基础上，又不囿于现成的语言知识，须作适当延伸扩展，那么更多的是教师语言教学水平的集中体现，具体在如何提问，提什么问，对哪些学生在什么时候提问最恰当，采取什么方式等。第三，也必须充分发挥学生的语言运用能力和思维创造性，体现他们运用语言的主体原则，培养积极主动的语言学习习惯。因而第四，提问时教师必须在语言设计与运用上精心思索，巧妙安排，有效到位，注意其启发和引导功能。只有富于新鲜感和吸引力，才会一步一步把学生引入预定的情境中，使学生与教师在思维与语言运行上同步一致，从而，充分调动学生学习的主动性、积极性。

（二）一种有效的、成功的教学是以学生是否参与、怎样参与、参与多少来决定的

教师提问，也必须以所有学生都积极参与并有效地学习为前提，要以学生的学习兴趣、基础水平和性格特点、反应能力等为中心。因此，学生主体是提问有效的前提，是谓提问的"核心论"。教师对学生已经知道了什么、尚需知道什么或

急于了解什么，即其知识结构、学习基础、思维水平甚至性格特征、反应能力等必须胸有成竹，有一个清楚了解。教师在学生不知道而又急于想知道某事，或已知道某一问题但又急于进一步探索解决以图深化知识的心理状态下，给他传授知识，提出问题，最易于得到学生激烈而有效的响应。这种求知欲与探求兴趣，正是其学习积极主动的内在动力，一旦激发便产生巨大的推动作用，在某种意义上说是成功的先导，能带动一系列问题的解决。此时此刻，学生能联系先前所教的、自己所学所思的种种问题作系统思考，加深印象，获得一个相互联系的知识体系。教师利用学生已有的兴趣，尊重学生学习愿望，引导其对所提问题的热情。才会有解决问题的原动力。这正是学生一个认知不断完善、发展，从不知到知，由知之不多到知之较多、甚多的学习过程，符合学生的认知规律——范围由小到大，理解由浅入深。否则就算教师精心设计、巧妙提问也收不到应有的教学效果。这是第一。第二，在语文课堂提向中体现学生的主体性，还必须要求教师主动寻找与学生相同契合的思维切入点，不仅要视当时课堂情景、氛围、学生学习情绪而定问题、定方式，还应与学生在思维的深层次上求得同一。这是一个潜在的、隐性的问题，往往难以在一时一刻、一情一景中把握，而是建立在长期熟悉学生、了解学生的基础之上，能想学生之所想，思学生之所思，从学生的神态动作、言谈口语中领悟到学生在哪个方面不足，在哪个方面有待深入等。而这一方面、这一点又恰恰能带动全班同学的学习，能全面联系以往知识，或对本堂课有点化作用，具有较为普遍的适应意义。这种思维的契合即切合点的寻找往往能打破"满堂灌"、教师问而无效、教师问而学生不答或无话可答的被动局面，是一种依照学生主体要求而设问提问的价值性原则，把学生的价值实现要求摆到了教师思维的首位。其中的关键，在于教师如何巧妙切入，选取准确的突破口，瞄准教学要求与学生兴趣的交会点，又匠心独运，巧妙构设，使学生感到问题确实提到了点子上。即所提问题具有现实适应的思维价值，既不简单行事，空泛被动，也不烦琐模糊，千篇一律，而是一种合乎教师教和学生学的正常有效的语言信息，利于发展学生思维能力。因而第三，教师要因材提问，区别对待，使各层次、各类型的学生在课堂上都有自己的位置，各尽所能，各有所得。学生来源不同，一般说城镇学生的语言基本功好。见识面广，且性格开朗、活泼、表现欲强烈，在回答问题上，语言表达流利，很可能超水平发挥，取得意想不到的良好效果；农村学生大多害羞，易紧张，拙于口头表达，语言基本功不到位，临场发挥水平欠佳。另外，成绩好、基础好的尖子生，有浓厚的求知欲，在课堂上自觉性高、主动性强，在回答问题这一环节上有"垄断"课堂的趋势；差生听课就相反，基础差、缺乏学习的主动性，往往学习方法也不当，只能勉强应付简单的提问，复杂一点的问题就会不知所措。针对学生的这些个性差异、能力、特长、弱点，教师要规划出适合每个学生能力的问题，遵循量力性原则，让每一类学生都有得到考查的机会，以全面了解学生情况，组织全班学生积极思考，特别是慎重选择不同的提问对象，而绝不歧视差生，每次只叫几个尖子生答问，或以提问来惩罚学生。同时应注意每个学生的情绪变化，分析其心理动态，引导其情感向有利于课堂认识活动的方向发展，对用了功的差生尽量减少否定评价，多予鼓励，善于从其答问方式分析思考解决问题的方法是否正确，多启发诱导。这样，就能缓和与学生之间的紧张情绪，始终处于轻松愉快的气氛中，以答问为乐，获得知识。第四，体现学生主体性和核心地位的另一重要方面，就是鼓励学生提问，让所有学生都有问和答的机会，要科学地允许学生在不打乱课堂正常教学秩序的前提下随时提问，与教师适度辩论，甚至可围绕某一疑难问题进行短暂有序的课堂讨论，然后让学生代表作结论，这才是教师与学生、学生与学生之间的多向交流，这种情况下，许多学生一般是无计划的即兴提问即随时性质疑，但往往是思想的火花，要多予保护和支持。当然，这更要求教师要有充分的知识储备、较强的课堂应变能力和不怕被学生问倒的气魄。因为学生提问本身就是思索的过程，只有动了脑，认真钻研了，才会提出有针对性的又带有普遍性的问题。一般说来，学生的提问是最有效的，教师对学生的提问应该肯定、赞扬，就是问题肤浅了点，或许有个别学生提出钻牛角尖的问题，都不能轻易地否定。因为他们的问题多少反映了学生哪方面的缺憾和不足，是知识链条上的薄弱环节，应耐心引导他们自己动脑，加以解决。实在不能解决的，教师帮助解决，对个别钻牛角尖的同学，也应沉住气，动之以情，晓之以理，久而久之，教师终会精诚所至，金石为开。解决问题的过程是学生参与、实践的过程。学生不断实践，兴趣不断被激发，不断积累知识，进而在学习上会产生量的飞跃，质的升华，从而进入"有效教学"的境界。

（三）语文教学在某种程度上是一种目标教学，这是由目前的教育现状和功能决定的

教师教和学生学，都要以教材为依托为根本，即所谓"以本为本，以纲为纲"，再依此而适当扩展，培养学生综合分析及应用语言的能力，至于其科学否，另当别论。但只有对教材上的课文、单元知识短文认真精读，对教本所涉及的每个知识点融会贯通，才能顺利达到大面积提高语文水平的目的。课堂提问作为一种重要的教学手段，教材始终是其有力依据，是保证其有效性的根本前提。教师要十分认真地钻研教材，读精读透，依据教材内容而设问提问，是谓提问的"基础论"。每一连串的有序提问应是教师对每堂课所设知识点的联结，也是对教材内容精华的提炼、点化和贯穿。通过提问，能体现出教师的教学重点，也能反映教材的方向。其自然发展过程，即是教师课堂程序的逻辑发展和教材内容合乎规律的自然延伸，是通过教师预先安排准备好了的教学思路来组织的，从中能窥出其整体的课堂教学结构。这种结构在某种程度上即课本知识结构与教师课堂思维模式的课堂反映。教师应在吃透教材的基础上，以基础知识贯穿课堂始终，以点带面、扣重点、攻疑点、破难点，在注重教材知识结构的基础上提高学生素质。第一，提问类型的设置以教材为依托。预习性提问要求学生能在教师布置的问题下提前阅读熟悉课文，了解课文内容，复习性提问则也是以教材为中心，以教材所铺设的知识结构为重点的，关键在于检验学生对课本知识的掌握程度；而课堂讲授中的提问设计，更是教师在教授教材内容时的一种知识点择取，目的在于有效调控教学进程；至于其他的书面提问或小组讨论答疑，课堂辅导式提问等，也应以解决教材中的问题为第一前提。第二，提问的思路既本乎教材又灵活运用，提问的天地是宽广的，从字的多音、异读到字的形体、笔顺笔画，词的构成、含义，句子的构造及其表达效果。句段间衔接照应，作者思路、意图、感情倾向、语言风格等都可提问。但要有选择、有难点和重点。问题过难或过易，就失去了思考的价值。提出的问题若太直，层次太浅了，就不能激发学生思维的积极性。因此教师提出的问题，设计的练习思考题，不能照本宣科，乱套教材，死搬教材中已有的模式，而应有所创新，有所改造，充分体现教师的能动性、创造性。问题应是学生在课文中找不到现成答案而又与课文、与以前学过的知识密切相关的，力避与课本后的练习、参考书上的思考题重复。这就是适度新颖的原则。瑞士心理学家皮亚杰在《智力起源》一书中说过："可以看到，一个人既不注意太熟悉的东西，因为司空见惯了；他也不注意太不熟悉的东西。因为和他的'图式'中的任何东西都没有联系。"教授《猎户》时，在学生充分预习、熟悉课文的基础上，我不失时机地提问："文章为什么要以'猎户'为题？以'访打豹英雄董昆'为题行吗？"学生一听，兴趣就来了，我趁机就讲解了文章的结构安排、材料组织、写作特点以及作者要表达的思想等一系列问题，收到了良好效果。第三，具体而言，以教材为依托的提问方式与提问点是很多的。围绕着教材知识结构，教师往往可设计出一套套的疑问网络，让学生入乎其中而又出乎其外，因此，围绕教材、紧扣教材进行提问，也是教师教学经验与技巧的体现。在具体教学操作中，我曾尝试针对语段进行启发性的提问教学，收效甚佳。讲析茅盾的《风景谈》开头部分时，在指名朗读的基础上，提了这样一组问题：文章主要反映解放区军民的战斗生活和崇高的精神境界，而猩猩峡外一带的沙漠地区当时并不属于解放区。作者为什么要把它作为第一幅"风景画"写进来？我们又如何为这幅画命名？作者是怎样描绘这一幅"风景画"的？又是怎样"把政治寓于风景之中"的？接着我按小组让学生自由讨论，然后旁敲侧击，提示点拨，从标题"风景"切入，追问学生。这一段落中有几个"风景"字眼？它的上面用了什么标点符号？具有什么含义？能不能说"风景"就是"文眼"？作者为何极力叙写猩猩峡外沙漠的单调、平板？学生的思维被激发了，课堂气氛相当活跃，我趁机讲解了"风景"的具体内涵，文眼在文中的作用，文章如何点题。如何采用先抑后扬手法等问题，还复习了标点符号引号的用法，然后，顺理成章地分析了这一部分的写作思路：先写自然景观，次写人的活动，最后议论，揭示题旨，圆满地完成了教学。此外，还可针对课文中学生容易忽视的细节、语句进行提问，如作者为何要提《塞上风云》这部影片？"长方形猩红大旗"有没有其他深意？等等。并让学生课后联系作者的写作意图，背景，细细思考，发挥再创造能力，想到了哪一步就是哪一步，具体答案留到课余辅导课时师生讨论，学生往往易进入积极思维状态，能顺着教师的思路分析解决问题。这样一来。整篇课文通过多个问题的解决，也就能理清整个结构，可谓"运用之妙，存乎一心"。可见，强调课堂提问本乎教材，也并非就是教材的翻版，仍有教师创造性的问题。

（四）在具体的语文教学实践中，巧妙地运用提问方式进行教学并非易事，提问是一种技巧，是一门艺术，是谓提问的"艺术论"

因为课堂提问还不仅是停留在让学生掌握一些书本上的固定知识，简单地熟悉课文的中心内容、思路结构上面，而是借助其艺术化手段以培养创造性思维能力、发展智力为终极目的。比如，问题要有一定难度，让学生跳一跳可以摘到果子；又要注意新颖，同一问题，可从不同层面提，从不同角度提，要具有弹性、延续性，由一个问题而导出许多问题，形成一个问题网络，把知识结构系统联系起来，由此及彼，由表及里，层层深入。其中就包含着深刻的课堂教学艺术性原则。因而，可以毫不掩饰地说，课堂提问艺术化，乃是语文教学中提问的最高境界。在提问这种课堂语言运用方式中，且不说其本身从言语选择、表达到问题的设置、提出、回答，包含有艺术性，就是通过提问而联结起来的师生之间心态、情感、思维、思路等方面的双向交流，如何达到契合、协调、同一、如何互通信息、相互沟通等方面，也是一个需要教学悟性与能力的过程。因而，教师应努力追求提问的艺术化境界，从中，教师能忘我地发挥教学水平。而学生呢？既能得到一种美的享受，又能不自觉地顺乎教师缜密的思路而养育创造思维能力。

这种最高境界的艺术化原则，对教师的要求是多方面的：一是有娴熟的教学技巧和天衣无缝的语言表达能力，将提问艺术巧妙地与其他教学环节融为一体。二是善于捕捉学生的求知欲和对从回答问题中反馈来的教学信息及时予以处理。三是采取多种方式保证提问的有序性和有效性，真正以学生为中心，以教材为依托，学生有所收获。四是在提问时如何有的放矢，设问如何科学严密等方面要慎重、周详、反复思考，并多总结经验，逐步提高。种种这些，不一而足，就不在此作深入论析了。

四、课堂传播中解题思路的暴露式艺术

笔者拟从写作教学实践出发，对此予以分析。写作教学是一个实践性与操作性极强的教学过程，传统的作文教学模式弊端极多，因而如何跃出"瓶颈"，走向更为开阔的领域，实在是一个非常迫切的现实问题。有人认为，作文教学由教师

拟题，以学生"作"为主，全靠学生自己动手去写。其实并非全然如此。成型的文章总是学生思维成果的外化，思维运行从深层潜在地制约和影响其运笔表达，尽管是无形的、隐匿的，但却十分微妙而客观，因而，对学生进行写作的思维训练至关重要，需要教师的引导与指导，有如茫茫海面上的航标灯，使其思维不致触礁沉没。若听任学生自己操思运笔，没有目的与程序地去写，便带有盲目性。从某种程度上说，教师的思维对学生起着规范与导向的作用，以指引学生的构思、创造。基于此，我们对如何把握与估量、揣测学生的思路，以分析其审题构思中的许多具体方面与细节，进行了长期的探索，归纳为作文教学中解题思路的"暴露"式教法。

　　所谓"解题思路的暴露"，就是在进行作文教学的过程中，注意有目的有针对性地把握学生审题与构思的思路，通过有效途径了解其具体的思维运动程序，分析其情感、情绪心态与写作的思维意向，并及时予以引导与纠正，通过较长一段时间的训练，使学生形成自觉的写作行为方式，具备有自身特色，符合自己思维个性与性格特征的写作思维模式或定势，从而在实践中具有瓜熟蒂落、水到渠成的写作功夫，运用自如地完成写作任务。这是作文综合训练系统链条中的头一环，也是关键性的一步。但是，由于心理、生理及其社会关系的影响等原因，学生的情感是复杂的、心理世界变化微妙，特别是青年学生，他们多不愿意将自己的心理活动与思维程序的细节向人倾吐，因而，在作文教学中，要让他们暴露出自己的思路，特别是作些有针对性、现实感的文章时，就更难了。因而，要准确及时地掌握学生作文的解题心理，需经一个逐步的由不适应到适应、从不愿意甚至抗拒到主动接受的探索与组织过程，只有当学生了解了教师的真正用心，体会到了这种方法对提高自己的作文水平大有裨益时，这种方法的教学才能在所教班级系统地全面地开展起来。在作文教学中善于多让学生暴露自己的思路，以探索作文教学规律，具体可以采取以下方法。

（一）课堂问答法

　　教师在课堂上拟出作文题，要求学生联系社会实际及自己的认识，认真分析题意，把握主旨，抓住中心，进行构思，并尽快明确思路，草拟提纲。然后教师当场提出能诱发学生思考、活跃思路的有关问题,让学生陈述自己审题构思的思路,并选择有代表性和典型意义的几种类型,进行综合性的比较分析,权衡得失,客观公正地指出各种构思的优缺点,再由学生课后进行写作。在这个过程中,教师不必当即明确自己的中心思路,否则便会限制学生思维的自由生长与发展,不利于培养发散式思维,以致束缚其创造性构想的激发,而是应通过旁敲侧击地引导与点破,尽量让学生以其睿智的悟性从中获得启发,而将统一的中心思路放在作文评讲中,但必须及时记载学生的典型思维过程,以利于在讲评中对症下药,重点突破,普遍提示。

(二)个别询问法

课堂问答还不能全面把握每个学生的思路展开情况,有的学生也不愿意在课堂上将自己的真情实感与思想过程如实讲出,因而教师必须在课后抓住机遇,采取个别询问的办法了解学生的构思,开始几次也可能失败,只有当建立了信任和理解时,这种方法才会十分奏效,特别是对于提示差生的作文构思与审题能力,能同时起到个别辅导的作用,并对之相关的一系列问题在短时间内产生一种综合效应。

(三)问卷调查法

由于课时安排有限及其他一些原因,学生作文并不必要每篇都成文交卷,教师可利用课余时间或课外小组活动时间,采取问卷调查方法,让学生按要求回答问题,写出构思过程与全文提纲,教师则通过查看答卷进行综合分析,多次反复后,一则可以了解每个学生的基本思维能力,二则能对全班学生的作文审题构思水平有一个较为准确的估量,掌握第一手材料,找出规律与特殊性。

(四)小组讨论法

对有争论或主题难点、具有多重性的问题,需要学生具备多向思维与一定的综合能力时,可采取小组讨论法,每组指定组长主持与记录。这是对传统作文教学模式的突破,是走出教师灌学生写的封闭之圈的较好方式,能充分调动学生的积极性与主动性,开拓创新,发挥其创造思维的功能,各抒己见,大胆争鸣,刻苦探索，在争论中提高认识，求得真知。之后，要组长向全班汇报各组的大体情况与典型的解题思路，教师则起综合平衡与协调督促的作用。这样，充分反映了学生群体思维的水平，利用其好奇与求胜的心理，往往能使个体思维在群体力量的共振下发生质的飞跃。

（五）临场应变法

教师当堂拟题，采用即兴小演讲或发言的方式，学生当场主动口头叙述作文。教师对文题的设计要新颖别致，有吸引力，可采取同类文题类推递进的形式，也可采取相反文题比较辨别的形式。这样，将其临场构思用口头表达方式加以叙述，动脑与动口相结合，既能锻炼思维的应变性、灵活性、敏捷度，又能训练口才与语言表达能力。

（六）教师中心放射法

文题拟定后，学生与教师分头作文，均在一定时间内完成，然后，教师向学生朗诵自己的文章，进行对题讨论，学生与教师可能立意构思相同，即思路吻合，也可能有偏差与歧见，甚至会偏离很远或相反。这样，教师就应在各种情况中择1～2名学生进行对照分析，并不要求与教师的完全融合为一，但必须求得正确，以教师为中心，对全体学生产生放射性效应，通过争论——导引——总结，达到思维能力的提高。而且，教师与学生在写好文章这点上，处于平等地位，学生易于接受教师的观点，模仿其审题构思过程，发现其独特的匠心、精巧的审题意向与巧妙的构思设计，真乃潜移默化。

（七）范文模仿争鸣法

每篇文章的写作，都建立在作者正确的审题构思基础之上。一篇成功的范文，对学生来说，是构思成功的活标本。若能通过其文体形式而深入体味到审题之新，构思之巧，便能举一反三，得到启发。平日要求学生读好范文，其最终的目的不在于死记硬背某些漂亮的字词句，而在于在掌握其知识结构的基础上能理顺文意，疏通脉络，通晓思路，并用于自己的写作实践之中。但是，每个学生由于社会经验、人生阅历、知识水平、认识能力等的不同，对相同的文章总会有不同的看法，对其审题构思的理解也不会整齐划一，而这实际上正是对这类作文的审题思路与构思的一种不自觉地暴露。因而，教师利用范文对学生进行思维训练时，应抓住一类典型的观点作突破口，组织学生讨论，提出自己的看法，必要时还可仿写，既从中借鉴启示，又能逐步训练提高。

（八）批阅评讲综合法

其实，在使学生暴露解题思路的诸种方法中，教师对作文的详细批阅是最为切实可靠的形式，能从中窥出学生解题思路运行的一般规律与特殊情况，能看到其提高与发展的过程，因为文字的表达形式，本是一种感情的结晶与心态的反映，是其思维的外化，虽不是一种直接暴露，但最为客观。所以，教师应综合自己经过各种途径所获得的有关材料，在进行作文讲评时，对学生解题思路进行综合分析，进行整体性的训练。

让学生充分自由地暴露自己的解题思路。教师能最为现实地了解学生的作文水平，把握其思维动态，但也还有一个逐步发展与完善的过程，最后应走向自觉的、自然而然的境界，而不应是人为的，强制的手段，应该建立在师生的默契与和谐的思维状态之下。教师应该充分尊重学生的自主权，理解他们的心理与情感，并充分发挥其思维的主体性创造功能；而且要建立在对学生的充分依赖与爱护的基础之上，有目的、有针对性地长期坚持。其中特别应做到的有两件事：一是教师要对每个学生存有有关解题思维与心理的档案材料，在不同的阶段进行横向的或纵向的比较，定期分析问题，找出规律、解答难点，使学生从中看到自己的提高与进步，激发兴趣，坚定信心，而且可从中提炼与概括出典型的解题思路实例，用于今后的作文教学实践中；二是教师要按目的与要求建立有关作文文题与材料的保存库，并根据不同时间、不同年级学生的实际情况随时进行调整、充实与完善，以适应其发展的要求，使其具有典型性、代表性与普遍意义。

参考文献 ▶▶▶

[1]李永平.课堂教学效果的传播学分析[J].西安石油大学学报（社会科学版），2004（3）.

[2]刘良初.课堂传播效果研究[M].长沙：湖南人民出版社，2007.

[3]李明高.高校课堂教学有效性的传播学研究[D].苏州：苏州大学，2009.

[4]党传艳，林茜.空间蒙太奇在课堂传播中的运用研究[J].中国教育技术装备，2010（21）.

[5]闫顺利，郭洪生.论课堂讲授语言传播的艺术[J].河北农业大学学报（农林教育版），1999（1）.

[6]赖先刚.试论课堂教学语言的言语行为与信息传播[J].乐山师范学院学报，2006（6）.

[7]张玉娥.非语言传播在课堂教学中的运用[J].法制与社会，2007（11）.

[8]张九洲.课堂教学的传播要素探析[J].哈尔滨学院学报，2003（12）.

[9]张玲霜.语文课堂教学活动的传播学分析[J].文学教育，2010（7）.

[10]党东耀.传播学原理在高校课堂教学中的应用[J].新闻前哨，2010（12）.

[11]张美.课堂传播中教学信息的优化[J].浙江教育学院学报，2004（5）.

[12]黄立新.教学传播过程中反馈信息的精细处理[J].电化教育研究，2007（7）.

[13]龙剑梅.论课堂传播中知识信息及其渠道的特质[J].湖南城市学院学报，2010（3）.

[14]龙剑梅.课堂传播中学生主体对知识信息的需求特征及其把握[J].中南林业科技大学学报（社会科学版），2010（3）.

[15]龙剑梅.课堂传播中的知识信息预期与教学的基本形态[J].现代大学教育，2010（4）.

[16]宋伟龙.传播学视角下高校多媒体课堂传播中的"噪音"分析[J].科协论坛（下半月），2010（6）.

[17]楼广赤.课堂教学传播中的教学媒体组合使用[J].电化教育，2005（6）.

[18]郑有庆，王太昌.课堂教学传播的耗散分析[J].教育传播与技术，2009（2）.

[19]章竟.知识力：才能的内在本质[J].求是，1993（16）.

[20]曾鸿.分众化传播时代的新闻教育[J].新闻前哨，2009（3）.

[21]刘文华.论人的知识的最佳结构[J].山西师范大学学报（社会科学版），1982（4）.

[22]李楠，王希.当代大学生改善知识结构的意义和方法[J].吉林省社会主义学院学报，2008（3）.

[23]宋梅.浅论新闻记者知识结构的四个层次[J].报刊之友，1997（8）.

[24]纪殿禄.论新闻记者的知识结构[J].记者摇篮，2000（4）.

[25]章竟.知识是构成才能的基本要素[J].人民教育，1980（12）.

[26]魏以成.试论现代编辑人才的智能结构[J].编辑学刊,1988(4).

[27]高钢.中国新闻教育改革的三个融合方向[J].中国记者,2009(3).

[28]王向华.高等学校与中小学素质教育衔接问题探析[J].中国成人教育,2009(1).

[29]卢连波,张春龙,刘彦华.高校思想政治教育是素质教育的核心[J].思想政治教育研究,2001(2).

[30]王广琼.道德教育:素质教育的核心[N].安徽日报,2001-06-28(B03).

[31]黄蓉生,白显良.高校素质教育的核心推动力:文化素质教育与思想政治教育的有机结合[J].思想·理论·教育,2006(Z2).

[32]秦广玉,刘振山.高校素质教育的核心是培养创造型人才[J].金融教学与研究,2000(3).

[33]仇方迎,于卓.核心是德育 精髓是创新[N].科技日报,2002-07-17.

[34]刘红军.论高等教育高素质创造性人才培养模式与机制[J].河南社会科学,2002(3).

[35]杨名声,刘奎林.创新与思维[M].北京:教育科学出版社,1999.

[36]王郡玲.谈新时期大学生创新素质和能力的培养[J].中国成人教育,2007(10).

[37]赵光武.思维科学研究[M].北京:中国人民大学出版社,1999.

[38]陶国富.创造心理学[M].上海:立信会计出版社,2002.

[39]俞国良.创造力心理学[M].杭州:浙江人民出版社,1996.

[40]谢利民.现代课堂教学的理念:知识的传播与生成[J].教育科学研究,2002(7).

[41]奚晓霞,吴敬花.教育传播学教程[M].重庆:西南师范大学出版社,2009.

[42]南国农,李运林.教育传播学[M].北京:高等教育出版社,2005.

[43]马克思,恩格斯.马克思恩格斯全集(第40卷)[M].北京:人民出版社,1982.

[44]龙剑梅.生成性:课堂传播中生命主体知识目标的动态实现[J].湖南社会科学,2010(1).

[45]龙剑梅.体验性:课堂传播中生命主体的精神互动[J].湖南师范大学教育科学学报,2010,9(1)

[46]黄鸣奋.需要理论及其应用[M].北京:中华书局,2004.

[47]范龙,王潇潇.试论课堂中"信息沟"的形成与消减——以传播和舆论的视角[J].现代教育科学,2008(6).

[48]郭庆光.传播学教程[M].北京:中国人民大学出版社,1999.

[49]雷珍容."以学习者为中心"课程大纲的理论与实践探索[J].现代大学教育,2009(5).

[50]于世华.课堂文化传播的动力分析[J].现代中小学教育,2010(1).

[51]陈赞琴.论课堂上的有效传播[J].宁德师专学报(哲学社会科学版),2007(4).

[52]柯和平.传播反馈理论指导下的交互式课堂教学方式探讨[J].现代教育技术,1999(1).

[53]曹石珠.和谐课堂教学的内在品质探析[J].全球教育展望,2007(12).

[54]黄鸣奋.需要理论及其应用[M].北京:中华书局,2004.

[55]谈儒强.试论高校师生文化冲突的和谐之道[J].现代大学教育,2010(1).

[56]毛晋平,张洁.大学生自主—受控学习动机特点及相关因素的调查[J].现代大学教育,2010(2).

[57]徐建敏.教学的本质是思维对话[J].中国教育学刊,2009(6).

[58]张增田.对话教学的师生观[J].西南师范大学学报(人文社会科学版),2005(5).

[59]乔纳森.学习环境的理论基础[M].郑太年,任友群,高文,译.上海:华东师范大学出版社,2002.

[60] 刘耀明. 从教学对话到对话教学 [J]. 上海教育科研，2009（2）.

[61] 张增田. 对话教学实践的问题与改进 [J]. 中国教育学刊，2009（4）.

[62] 潘晓彦. 课堂教学效果应具有生命意义——以中国古代文学教学为例 [J]. 黑龙江高教研究，2009（1）.

[63] 张豪锋，王小梅. 基于对话教学理论的课堂学习共同体研究与设计应用 [J]. 现代教育技术，2010（2）.

[64] 陈庆晓. 论对话教学内涵、基本类型及特征 [J]. 长春理工大学学报（高教版），2009（5）.

[65] 许瑞. 对话教学的结构元素 [J]. 广东教育，2003（9）.

[66] 金生鈜. 理解与教育——走向哲学解释学的教育哲学导论 [M]. 北京：教育科学出版社，1997.

[67] 霍雅娟. 论信息时代的中国古代文学教学 [J]. 教育与职业，2009（26）.

[68] 高方. 双重文化视域下的中国古代文学教学 [J]. 黑龙江高教研究，2009（11）.

[69] 黄伟. 教学对话中的师生话语权——来自课堂的观察研究 [J]. 教育研究与实验，2009（6）.

[70] 沈小碚，郑苗苗. 论对话教学的时代特征 [J]. 西南大学学报（社会科学版），2008（3）.

[71] 张绍波. 高校课堂管理情感问题分析 [J]. 黑龙江高教研究，2006（3）.

[72] 陈之芥. 论教学语言技巧的基本类型 [J]. 中国教育学刊，2007（5）.

[73] 程功. 论情感在课堂教学中的功能 [J]. 高等师范教育研究，1996（3）.

[74] 查啸虎. 课堂交往：现实偏误及其矫正 [J]. 中国教育学刊，2008（9）.

[75] 孙平. 课堂教学与文本解释 [J]. 高等教育研究，2007（5）.

[76] 王馥庆. 中国古代文学教学的审美教育功能刍议 [J]. 中国成人教育，2007（3）.

[77] 张广君，孙琳，许萍. 论生成教育 [J]. 中国教育学刊，2008（2）.

[78] 赵虹元，刘义兵. 基于对话学习的课堂文化建设 [J]. 中国教育学刊，2007（12）.

[79] 吴建民. 中国古代文学艺术的生命本质 [J]. 山西师大学报（社会科学版），2005（3）.

[80] 李祎，涂荣豹. 生成性教学的基本特征与设计 [J]. 教育研究，2007（1）.

[81] 罗祖兵. 生成性教学的基本理念及其实践诉求 [J]. 高等教育研究，2006（8）.

[82] 张跣. "网络雷词"：议程设置和游牧式主体 [J]. 文艺研究，2009（10）.

[83] 田汉族. 交往教学论 [M]. 长沙：湖南师范大学出版社，2002.

[84] 威尔伯·施拉姆. 传播学概论 [M]. 陈亮，李启，周立方，译. 北京：新华出版社，1984.

[85] 龙剑梅. 对话性：课堂传播生命主体能力的直接生成 [J]. 云梦学刊，2011（1）.

[86] 吴小鸥. 教学场论 [M]. 长沙：湖南师范大学出版社，2007.

[87] 陶卫平. 新媒体在高校教学中的应用研究 [J]. 大众科技，2013.

[88] 周庆山. 传播学概论 [M]. 北京：北京大学出版社，2004.

[89] 赵又春. 论语真义 [M]. 长沙：湖南师范大学出版社，2016.

[90] 鲁迅. 且介亭杂文二集 [M]. 北京：译林出版社，2018.